Über dieses Buch Rosa Luxemburg hat ihr Auftreten gegen den imperialistischen Krieg mit mehreren Gefängnisaufenthalten bezahlen müssen. Ihre politische Arbeit wurde dadurch nicht unterbrochen. Mittelsperson zwischen der Gefangenen und dem Spartakusbund war Mathilde Jacob, die Sekretärin von Rosa Luxemburg: an sie sind die Briefe und Karten, die hier veröffentlicht werden, gerichtet. Charlotte Beradt hat sie aus etwa 150 Schriftstücken, die das größte Konvolut von Luxemburg-Gefängnisbriefen darstellen, ausgewählt.
Mathilde, von Rosa Luxemburg »mein guter Engel« genannt, war unermüdlich in der Fürsorge um Rosa – sie sorgte für ihre Diät, ihre Blumen, ihre Druckknöpfe –, und sie war unerschrocken illegal tätig, schmuggelte Kassiber und Berichte in Büchern, Blumentöpfen, Markttaschen ins Gefängnis und aus dem Gefängnis wie in diesem Maße kein anderer.
Die hier vorgelegten Briefe geben nicht nur ein gleichsam unretuschiertes Bild der Persönlichkeit Rosa Luxemburgs, sondern bilden auch eine lückenlose Dokumentation ihrer Gefängnisjahre, zumal sie mit Notizen auf den Blättern eines Kalenders von Rosa Luxemburgs eigener Hand verbunden werden konnten, sowie mit Auszügen aus einem Bericht von Mathilde Jacob über diese Zeit.

Die Herausgeberin Charlotte Beradt wuchs in Berlin auf und war bis 1933 als freie Mitarbeiterin für Zeitungen tätig. 1939 mußte sie emigrieren; sie ging zuerst nach England, dann nach New York, wo sie bis zu ihrem Tod im Mai 1986 lebte.
Veröffentlichungen: ›Das Dritte Reich des Traums‹ (1966), ›Paul Levi. Ein demokratischer Sozialist in der Weimarer Republik‹ (1969) und (als Herausgeberin) ›Paul Levi. Zwischen Spartakus und Sozialdemokratie‹ (1969).

Im Fischer Taschenbuch Verlag sind folgende Bücher zum Thema ›Rosa Luxemburg‹ lieferbar: Frederik Hetmann ›Rosa L. – Die Geschichte der Rosa Luxemburg und ihre Zeit‹ (Band-Nr. 2132); Frederik Hetmann (Hg.) ›Rosa Luxemburg. Ein Leben für die Freiheit – Reden, Schriften, Briefe‹ (Band-Nr. 3711).

Rosa Luxemburg im Gefängnis

Briefe und Dokumente aus den Jahren 1915–1918

Herausgegeben und eingeleitet
von Charlotte Beradt

Fischer
Taschenbuch
Verlag

Ungekürzte Ausgabe
Veröffentlicht im Fischer Taschenbuch Verlag GmbH,
Frankfurt am Main, Januar 1987

Lizenzausgabe mit freundlicher Genehmigung des
S. Fischer Verlags GmbH, Frankfurt am Main

Umschlagentwurf: Jan Buchholz/Reni Hinsch
unter Verwendung eines Fotos
Bildarchiv Preußischer Kulturbesitz, Berlin
Satz: Fotosatz Otto Gutfreund, Darmstadt
Druck und Bindung: Clausen & Bosse, Leck
Printed in Germany
880-ISBN-3-596-25659-3

Inhalt

Einleitung

Kurz nach Rosa Luxemburgs Ermordung im Januar 1919 erschien ein Bändchen mit Briefen, die sie an Sonja Liebknecht[1] aus dem Gefängnis geschrieben hatte. Diese Briefe zeigten, wie viel Dimensionen außer dem Politischen die Natur Rosa Luxemburgs umfaßte: ihre leidenschaftliche Liebe für Dichtung, Malerei, Musik, für Tiere und Pflanzen, für alles Lebendige und das Leben selbst. Diese *Briefe aus dem Gefängnis* erregten Anteilnahme und Erstaunen bei Lesern aus allen Lagern. Sollte die Schreiberin – eben noch die »blutige Rosa«, das »Schreckgespenst« – vor allem eine Frau mit großem Herzen gewesen sein, gütig, gebildet und vielleicht doch, wie sie manchmal gesagt hatte, in der Politik nur verirrt und eigentlich »zum Gänsehüten geboren«? Zwei Jahre später erschienen *Briefe an Karl und Luise Kautsky*[2], von denen viele einen ähnlichen Klang hatten; ebenso ein 1950 veröffentlichter Band, der Briefe an fünf verschiedene Adressaten aus Rosa Luxemburgs drei Jahre vier Monate langer Gefängniszeit im Ersten Weltkrieg enthielt.
Als schließlich vor Jahren Briefe bekannt wurden, die Rosa Luxemburg an Leo Jogiches[3] geschrieben hatte – dem Mann, zu dem sie, sehr jung noch, in die entscheidende Beziehung ihres Lebens getreten war –, geschah das gleiche wie fünfzig Jahre

1 Karl Liebknechts zweite Frau Sophie.
2 Karl Kautsky (1854–1938), sozialdemokratischer Schriftsteller, gegen Revisionismus wie gegen den Radikalismus Luxemburgs. 1917 zur USPD. Luise, seine Frau.
3 Leo Jogiches (1867–1919), Führer der polnischen SDKPiL (Sozialdemokratie des Königreichs Polen und Litauen). Im Krieg, nach Verhaftung der führenden Linken, Führer des Spartakusbundes. Ermordet 1919 in Berlin.

früher, nur in zeitgemäß vulgärerer Form. Viele dieser Briefe waren, obwohl an den Geliebten geschrieben, rein politischen Inhalts; unter anderem gaben sie sowohl ein Bild der polnischen sozialistischen Bewegung als auch der Kämpfe in der deutschen Sozialdemokratie Anfang des Jahrhunderts. Dennoch wurde die Schreiberin diesmal nicht nur zur Liebhaberin von Pflanzen und Tieren, sondern zur Liebhaberin schlechthin gemacht, die sich in Wahrheit nach einem bürgerlichen Eheidyll gesehnt habe. Ein großes illustriertes Blatt[4] ging so weit, Rosa Luxemburg in Balkenüberschrift als »die blaue Blume der Roten« zu feiern.

Die Briefe und Karten, die hier veröffentlicht werden, sind aus etwa 150 Schriftstücken ausgewählt worden, die das größte Konvolut von Luxemburg-Gefängnisbriefen darstellen. Sie sind an Rosas Sekretärin und Freundin Mathilde Jacob gerichtet. Diese hatte in ihrer Eigenschaft als Sekretärin den häufigsten Zugang zu der Gefangenen, und in ihren Händen lag vorwiegend Rosa Luxemburgs Verkehr mit der Außenwelt, die Fortführung ihrer politischen Arbeit wie der Kontakt mit ihren Freunden während ihrer Gefängnisjahre im Ersten Weltkrieg. Diese Briefe haben zwar auch das Menschliche und Poetische der bisher veröffentlichten Briefe, aber sie sind spontaner, nüchterner aus Notwendigkeit, weniger überlegt.

Rosa Luxemburg schrieb an jeden Empfänger in einem anderen, ihren Beziehungen zu ihm angepaßten Ton. In ihren Briefen an Mathilde Jacob dagegen hatte sie meist zuviel zu bitten und zu bestimmen, überhaupt ihr zuviel zu schreiben, um sich als »die große Briefschreiberin« zu bewähren. Diese Briefe geben ein Bild der vielen Seiten und Schichten ihrer Person von den überragenden Stärken bis zu den kleinsten Schwächen. Auch sie sind voll leidenschaftlicher Hingabe an die Natur, an

4 *stern* Nr. 47 (anhand der Luxemburg-Biographie von Harry Wilde, die Jogiches-Briefe benutzte) v. 15. 11. 70.

Tiere und Pflanzen, die übrigens durchaus nicht romantisch oder gar sentimental war (sie hat zu Beginn ihres Studiums in Zürich Naturwissenschaften – Geologie und Botanik – gehört) und gewiß nicht »eine Erweiterung ihres materialistischen Weltbildes während der Gefangenschaft durch die Klassenjustiz«, wie es die ersten DDR-Luxemburg-Biographen wissen wollen.[5]

Die hier vorgelegten Briefe geben also nicht nur gleichsam ein unretouchiertes Bild Rosa Luxemburgs, sie bilden auch eine lückenlose Dokumentation ihrer Gefängnisjahre, zumal sie mit Notizen auf den Blättern eines Umschlagkalenders von Rosa Luxemburgs eigner Hand verbunden werden konnten, sowie mit Auszügen aus einem Bericht von Mathilde Jacob über diese Zeit, der wesentliche Einzelheiten enthält und auch Licht auf die Gestalt von Leo Jogiches und die Beziehung zwischen ihm und Rosa Luxemburg wirft.

Zwar sind auch diese Briefe, da durch die Zensur gehend, zwangsläufig »unpolitisch«, zwar handeln auch sie von Vogelstimmen, Blumen, Botanisieren; aber der Bericht von Mathilde Jacob, der aus diesem Grunde zwischen die Briefe geschoben worden ist, macht transparent, auf welche Weise es im Gefängnis gelang, die Aktivität der Politikerin Rosa Luxemburg aufrechtzuerhalten, ihre geheime politische Tätigkeit nicht abreißen zu lassen. Aus diesem Grunde sind auch Proben der in den Gefängnissen entstandenen Broschüren, Spartakusbriefe u.a. nicht als Anhang gegeben, sondern in den Text eingeschaltet worden.

Der Name Mathilde Jacob findet sich in den Registern der Literatur über sozialistische Figuren der ersten Jahrzehnte des zwanzigsten Jahrhunderts und sehr oft in den Briefen, die Rosa Luxemburg an Freunde schrieb. Mathilde, von Rosa »mein gu-

5 Annelies Laschitza u. Günter Radczun: *Rosa Luxemburg. Ihr Wirken in der deutschen Arbeiterbewegung*. Berlin 1971.

ter Engel« genannt, ermöglichte ihr das Dasein im Gefängnis. Sie sorgte für ihre Diät, ihre Blumen, ihre Druckknöpfe. Sie diente, manchmal ungerecht behandelt, als Abladeplatz für durch das Gefangenendasein geschaffene Spannungen. Mathilde Jacob schmuggelte in Büchern, in Zeitungen, in Blumentöpfen, Blumensträußen und Markttaschen mit Essen Kassiber und Berichte. Sie war rastlos und unerschrocken illegal tätig, brachte mündlich verschlüsselte Bestellungen ins Gefängnis und Antworten hinaus, trug Schriftstücke, Flugblätter ins Gefängnis und aus dem Gefängnis wie in diesem Maße kein anderer. Mathilde war der Zwischenträger jeder Art zur Außenwelt, auch das »Postamt« für den ganzen Kreis um Rosa Luxemburg, für beide Liebknechts, für Clara Zetkin[6], Franz Mehring[7] u. a. (»Verzeihen Sie«, schreibt Rosa am 31. 5. 1917 an Martha Rosenbaum[8], »daß ich Ihnen nicht direkt schrieb, ich nehme eigentlich an, daß die Grüße, die ich an Mathilde sende, immer auch Ihnen gelten und daß sie Ihnen von mir berichtet« oder an Hans Diefenbach[9]: »Mathilde wird brühwarme Grüße bringen und ausführlich berichten.«)
Mathilde Jacob, im Grunde keine politische Person, durch Rosa Luxemburgs Größe selbst groß geworden, tat all das und mehr unter dem Motto »Genug ist nicht genug« (das der Dichter Conrad Ferdinand Meyer, den der ganze Kreis der Sozialisten um Rosa Luxemburg gern zitierte, Ulrich von Hutten in den Mund gelegt hat).
Mathilde Jacob wurde am 8. März 1873 geboren, war also fast genau zwei Jahre jünger als Rosa Luxemburg. Sie stammte aus einer in bescheidenen Verhältnissen lebenden jüdischen Familie, wohnte mit ihrer Mutter in Berlin-Moabit, in der Altonaer

6 Clara Zetkin (1857–1933), Sozialdemokratin, dann im Spartakusbund, bis 1933 kommunistische Reichstagsabgeordnete.
7 Franz Mehring (1846–1919), marxistischer Historiker, Landtagsabg.
8 Martha Rosenbaum (1867–1940), Sozialistin, Freundin von R.L.
9 Hans Diefenbach (1884–1917), Freund R.L.s., fiel im Krieg als Arzt.

Straße 11 im Gartenhaus, zweiter Stock. Dort betrieb sie in einem Zimmer mit einer jungen Angestellten ein kleines Büro für Schreibarbeiten und Vervielfältigungen. Unter ihren ersten »Kunden« aus sozialistischen Kreisen war Franz Mehring. 1913 lernte sie Rosa Luxemburg kennen, als ihr die Herstellung und der Versand der vom Dezember 1913 bis Dezember 1914 von Mehring, Luxemburg und Julian Karski herausgegebenen *Sozialdemokratischen Korrespondenz* übertragen wurde, die als oppositionelles Gegengewicht für die sozialdemokratische Presse gedacht war, aber nur von einer kleinen Anzahl linker Blätter benutzt wurde. »Als Rosa Luxemburg das erste Mal zu mir kam«, sagt Mathilde in ihrem naiven uneitlen Bericht, den sie »Rosa Luxemburg und ihre Freunde durch Krieg und Revolution« betitelt hat, »machte sie sofort einen tiefen Eindruck auf mich. Ihre großen leuchtenden Augen, die alles zu verstehen schienen, ihre Bescheidenheit und Güte, ihre fast kindliche Freude an allem Schönen, ließen mein Herz für sie höher schlagen. So oft ich auch später Rosa Luxemburg zu Versammlungen, Konferenzen oder Demonstrationen begleitete, der erste Eindruck blieb bestehen: Sie sah so bescheiden und anspruchslos aus, daß Menschen, die sie noch nicht gesehen hatten, verwundert ausriefen: ›Das ist Rosa Luxemburg?‹«

Mathilde Jacob war also zu der Zeit, in der sie zur ungenannten Heldin wurde, etwa vierzig Jahre alt. Sie war mittelgroß, stämmig, ihr dunkles Haar fing an zu ergrauen.[10] Der erste Brief Rosas an sie stammt aus dem Winter vor dem Ersten Weltkrieg, als Rosa im Schöneberger Krankenhaus lag. Schon dieser erste Brief sagt: »Jetzt kommt ein Sturzbach von Bitten. Sie sind also in Ihrem Element.« Sie habe eine miserable Nacht gehabt, Mathilde solle Artikel abschreiben, alle Besuche absagen etc.

10 Ich verdanke diese Beschreibung zwei Personen, die Mathilde gut gekannt haben, Frau Rose Frölich in Frankfurt, und Frau Margarethe Hasche in Brühl, der Vorsteherin von Paul Levis Anwaltsbüro.

Doch unter dem Brief steht als Postscriptum: »Welches Buch lesen Sie jetzt?!« und bald darauf: »Ich hoffe, in den nächsten Tagen werde ich Sie wieder zu einem Plauderstündchen zitieren, wie man gute Geister zitiert.«
Während Rosas Gefängniszeit vertiefte sich die Beziehung schnell. Die ersten Briefe Rosas sind gerichtet an »Mein liebes Fräulein Jacob«, später an »Meine liebste Mathilde«, enden mit Küssen und träumen vom Zusammenreisen und Zusammenwohnen. Mathilde bedeutet für Rosa Luxemburg am Ende schlechtweg ein Zuhause, das sie brauchte, um ihre fieberhaften Aufwallungen von Heimweh zu bekämpfen. »Wenn ich mich vor Sehnsucht verzehre«, schreibt sie einmal an Mathilde, »habe ich einfach das Bedürfnis, dann will ich telegraphieren oder telephonieren, Eilbriefe senden.« Und Mathilde war immer und für alles da, für jede Last bis zum letzten Tag vor der Freiheit. Und für jeden Tag und jede Nacht der hektischen beiden Monate in der Freiheit bis zu dem furchtbaren Ende, dem Kolbenschlag, der Rosa Luxemburgs Leben auslöschte. Mathilde war auch da, als es galt, Rosa Luxemburgs – nach drei Monate langem Treiben im Wasser des Landwehrkanals – ganz zersetzte Leiche zu identifizieren. »Ich erkannte die mir gezeigten Gegenstände sofort. Ein Paar Handschuhe, die ich selbst besorgt hatte, waren an den Händen verblieben, die übriggebliebenen Fetzen eines Samtkleides hatten die Farbe nicht verändert und einen goldenen Anhänger hatte man der Leiche unversehrt abnehmen können.« Mathilde war sogar da, im Leichenschauhaus darüber zu wachen, daß niemand die Leiche entfernte, damit die Berliner Arbeiter Rosa Luxemburg wenigstens zu Grab geleiten konnten.
Mathilde Jacob hat durch die Jahre jeden Zettel aufgehoben, der mit Rosa Luxemburg zusammenhing. So liegt bei den Briefen Rosas an sie z. B. ein Ausleihschein der Königlichen Bibliothek für die *Revue Encyclopédique*, ein Sparbuchausweis; eine

Wäscheaufstellung: Taghemden 3, Taschentücher 3, Küchentuch. Oder ein Zettel »Flicken zum grauen Kleid« zusammen mit einem Notizzettel: »1. Akkumulationstheorie Prämisse zu Kollektivismus und materialistischer Geschichtsauffassung 2. Wäre die materielle Hebung des Proletariats Tatsache, dann würden wieder neue kleine Kapitalisten entstehen 3. Bei Ricardo ist die Rentenlehre Voraussetzung der Arbeitswertmethode.« Und Rosa Luxemburgs Briefe liegen zusammen mit über fünfzig Briefen von Clara Zetkin an Mathilde[11], mit sechzig von Franz Mehring, mit Briefen von beiden Liebknechts, Karl und Sonja, von Hans Diefenbach, Martha Rosenbaum. Sogar mit einem Brief von Leo Jogiches, der im allgemeinen aus konspirativen Gründen zu schreiben vermieden hat.

In der ersten Zeit nach dem Mord an Karl Liebknecht und Rosa Luxemburg haben Mathildes Beziehungen zu Rosas Kreis fortgedauert. Sie ist oft bei Clara Zetkin in Stuttgart gewesen. Paul Levi hat sie als eine Art Erbstück von Rosa betrachtet; in der schweren Zeit seines Bruchs mit der KPD und der Komintern hat er ihr in Briefen Einzelheiten über diese komplizierten Vorkommnisse berichtet.[12] Aber wie sich der Kreis um Rosa Luxemburg auflöste, löste sich wohl für Mathilde Jacob ihr Leben in diesem Kreis mit der Zeit in Erinnerung auf.

Im Jahre 1939, also zwanzig Jahre nach dem Mord an Rosa Luxemburg, muß Mathilde Jacob gefürchtet haben, daß ihre

11 Clara Zetkin schrieb nach Rosas Ermordung einen acht Seiten langen Brief an Mathilde: »Teure Freundin! [. . .] Ich komme mit meiner Verzweiflung zu Ihnen [. . .] Ich möchte Blut weinen, einen Schrei ausstoßen, der die ganze Welt erschüttern, umstürzen müßte, mir den Schädel an der Wand zerschmettern um nicht zu denken, an das eine entsetzliche zu denken: Sie sind tot, gemeuchelt, gemeuchelt unter den grausigsten Umständen . . . Ach, Mathilde, Mathilde, was haben wir verloren . . . Ich küsse Sie in herzlicher Freundschaft.« – Und nach der Ermordung von Jogiches schrieb sie an Mathilde: »Ich konnte Sie fast darum beneiden, daß Sie soviel, daß Sie das letzte für Leo tun konnten.«

12 Für diese Briefe s. Charlotte Beradt *Paul Levi, ein demokratischer Sozialist in der Weimarer Republik,* Frankfurt/M. 1969.

greifbaren Schätze der Erinnerung in Gestalt von Briefen und Aufzeichnungen im Hitlerdeutschland nicht mehr sicher waren. Durch Vermittlung von Angelika Balabanoff[13] übergab sie alles Material, das sie hatte, an Professor Ralph H. Lutz, den Direktor der Hoover War Library, der sich damals in Deutschland aufhielt. Es befindet sich jetzt in den Archiven der Hoover Institution on War, Revolution and Peace in Stanford, California. Die noch von einem schwarzweißroten Schnürchen aus der Zeit des Ersten Weltkriegs umwundenen Kalenderblätter mit Rosa Luxemburgs handschriftlichen Notizen werden Besuchern als Rarität gezeigt. (Ich durfte dort in den Archiven das Material für diesen Band auswählen und danke dem Direktor der Bibliothek der Hoover Institution Richard F. Staar, Agnes F. Peterson, Kurator für die westeuropäische Kollektion, und dem Direktor der Archive Franz G. Lassner für ihre Hilfe.)
Kopien einer von ihr gefertigten Abschrift der Briefe Rosa Luxemburgs hat Mathilde Jacob auch in andre Hände gegeben. Eine an Paul Levi, die mit seinen Papieren in die Library for Political Studies (Bibliothek Joseph Buttinger), New York, gelangte. (Diese Kopie ist 1972 in Japan veröffentlicht worden.)[14] Eine andere an Felix Weil, der sie Paul Frölich für seine Biographie *Rosa Luxemburg, Gedanke und Tat* zur Verfügung stellte, die Auszüge aus zweien der Briefe enthält. Erst 1973 gelangten die Briefe – gemeinsam mit den Kalenderblättern und Mathilde Jacobs Bericht, die in engem Zusammenhange mit ihnen stehen – an die deutsche Öffentlichkeit.
Mathilde Jacobs kleines Schreibbüro stand noch im Jahre 1940 unter derselben Moabiter Adresse im Berliner Telefonbuch. Am 27. Juli 1942, also fast siebzigjährig, ist sie nach dem Lager

13 Angelika Balabanoff, russisch-italienische Sozialistin.
14 Jetzt sind die Levi-Papiere, und mit ihnen die Kopie, in die Friedrich-Ebert-Stiftung in Bonn übergegangen.

Theresienstadt deportiert worden[15], von dort offenbar weiter. So ist also Rosa Luxemburgs guter Geist in einem Lager Hitlers umgekommen.

Charlotte Beradt

15 Auskunft der Jüdischen Gemeinde, Berlin.

Berlin: Barnimstraße

»Donnerstag Mittag ist die Genossin Rosa Luxemburg in ihrer Wohnung durch zwei Kriminalbeamte plötzlich verhaftet worden. Sie wurde zunächst im Automobil nach dem Berliner Polizeipräsidium Abteilung VII (politische Polizei), und von dort im Grünen Wagen nach dem Weibergefängnis in der Barnimstraße transportiert. Es handelt sich um die Verbüßung der einjährigen Gefängnisstrafe, die der Genossin Luxemburg im vergangenen Jahr in Frankfurt a. Main zudiktiert wurde; auf höheren Befehl ist jetzt die bis zum 31. März erteilt gewesene Strafaufschubbewilligung aufgehoben und die sofortige Strafvollstreckung telegrafisch angeordnet. –«

Mit dieser Notiz unterrichtete Karl Liebknecht die sozialdemokratische Presse über die Verhaftung von Rosa Luxemburg am 18. Februar 1915. »Wenn uns zugemutet wird, die Mordwaffe gegen unsere französischen und anderen ausländischen Brüder zu erheben, so erklären wir: Nein, das tun wir nicht!« hatte sie in einer Versammlungsrede im Frankfurter Vorort Bockenheim kurz vor dem Ausbruch des Ersten Weltkriegs gesagt; darauf war sie wegen Aufreizung der Soldaten zum Ungehorsam angeklagt und von einer Strafkammer des Landgerichts Frankfurt zu einem Jahr Gefängnis verurteilt, wegen ihres Gesundheitszustandes ihr aber Strafaufschub zugebilligt worden. Nun, im Krieg, hielt der deutsche Militarismus den Zeitpunkt für gekommen, die Strafe vollstrecken zu lassen.

Rosa Luxemburg in den ersten Tagen der Haft an Mathilde Jacob:

Barnimstraße Frauengefängnis
T Februar 1915 ~~Montag~~ Dienstag[1].

Mein liebes Fräulein Jacob!
Ihr Brief vom Sonntag war der erste schriftliche Gruß, den ich aus der Außenwelt bekam und er hat mir viel Freude gemacht. Soeben erhalte ich den zweiten, wofür ich Ihnen herzlich danke. Seien Sie um mich ganz ruhig: es geht mir gesundheitlich und »gemütlich« ganz gut. Auch der Transport im »Grünen Wagen« hat mir keinen Choc verursacht: hab ich doch schon genau die gleiche Fahrt in Warschau durchgemacht.[2] Ach, es war so frappant ähnlich, daß ich auf verschiedene heitere Gedanken kam. Freilich war auch ein Unterschied dabei: die russischen Gendarmen haben mich als »Politische« mit großem Respekt eskortiert, die Berliner Schutzleute hingegen erklärten mir, es sei »schnuppe«, wer ich sei und steckten mich mit 9 »Kolleginnen« in einen Wagen. Na, das sind alles Lappalien schließlich; und vergessen Sie nie, daß das Leben, was auch kommen mag, in Gemütsruhe und Heiterkeit zu nehmen ist. Diese besitze ich nun auch hier in dem nötigen Maße. Damit Sie übrigens keine übertriebene Vorstellung von meinem Heldenmut bekommen, will ich reumütig bekennen, daß ich in dem Augenblick, wo ich zum zweiten Mal an jenem Tage mich aufs Hemd ausziehen und betasten lassen mußte, mit knapper Mühe die Tränen zurückhalten konnte. Natürlich war ich innerlich wütend auf mich ob solcher Schwachheit und bin es jetzt noch. Auch entsetzte mich am ersten Abend nicht etwa die Gefängniszelle und mein so plötzliches Ausscheiden aus den Lebenden, sondern – raten

1 »Montag« von R.L. durchgestrichen. Die Daten sind nach den Poststempeln festgestellt, R.L. selbst gibt selten Daten. Das T am Rande des Briefes bedeutet: zensuriert.
2 Während der Revolution 1905.

Sie! – die Tatsache, daß ich ohne mein Nachthemd, ohne mir das Haar gekämmt zu haben, aufs Lager mußte. Damit ein klassisches Zitat nicht fehlt: Erinnern Sie sich an die erste Szene in Maria Stuart, als dieser die Schmucksachen soeben weggenommen werden: »Des Lebens kleine Zierden zu entbehren«, sagt Marias Amme, die Lady Kennedy, sei härter als große Prüfungen zu ertragen. (Sehen Sie mal nach, Schiller hat es etwas schöner gesagt, als ich hier.) Doch wohin verirre ich mich? Gott strafe England[3] und verzeihe mir, daß ich mich mit einer englischen Königin vergleiche! Übrigens besitze ich »des Lebens kleine Zierden« in Gestalt von Nachthemden, Kämmen und Seifen alle hier – dank der engelhaften Güte und Geduld Karls[4] – und so kann das Leben nun seinen geregelten Lauf fließen. Ich freue mich sehr, daß ich so früh aufstehe (5.40) und warte nur darauf, daß auch die Frau Sonne gefälligst meinem Beispiel folgt, damit ich von dem frühen Aufstehen auch was habe. Am schönsten ist, daß ich beim Spaziergang im Hofe Vögel sehe und höre: ein ganzes Rudel Spatzen, die manchmal solchen Krach machen, daß ich mich wundere, warum kein strammer Schutzmann da »mang«fährt; dann ein paar Amseln, von denen der gelbschnäblige Herr aber ganz anders singt, als meine Amseln in Südende. Er quatscht und kreischt nämlich ein Zeug zusammen, daß man lachen muß, vielleicht wird [er] im März–April Scham annehmen und anständig flöten. (Jetzt muß ich übrigens an meine Spatzen denken, die nicht mehr auf dem Balkon ihr gedecktes Tischlein finden und wohl verwundert auf der

3 Von deutschen Nationalisten während des Krieges gebrauchter Gruß.
4 Liebknecht, der als R.L.s Anwalt Zutritt zum Gefängnis hatte und – außer Kämmen und Seifen – Artikel und Flugblätter mit ihr auszutauschen verstand. – Außerdem eilte Clara Zetkin auf die Nachricht von der Verhaftung nach Berlin und erlistete sich einen Besuch im Gefängnis, indem sie sich als Rosas Schwägerin ausgab. Die Gefängnisvorsteherin – von einer Beamtin, die Zetkin erkannte – auf die Täuschung hingewiesen, beachtete die Sache nicht, so beeindruckt war sie bereits von R.L.s Persönlichkeit. (Lt. Mathilde Jacobs Bericht.)

Brüstung sitzen. Hier müssen Sie unbedingt ein paar Tränen vergießen, es ist gar zu rührend! . . .)

Liebes Fräulein Jacob, ich erweise Ihnen die höchste Ehre, die ich einem Sterblichen antun kann: ich werde Ihnen meine Mimi[5] anvertrauen! Sie müssen aber noch auf bestimmte Nachricht warten, die Sie von meinem Rechtsanwalt bekommen. Dann werden Sie sie in Ihren Armen (nicht etwa im Körbchen oder Sack!!!) im Auto entführen müssen. Mit Hilfe meiner Wirtschafterin, die Sie mitnehmen am besten (ich meine nur für die Fahrt, nicht fürs Leben) und die alle sieben Sachen der Mimi (ihr Kistchen, Torfmull, Schüsselchen, Unterlagen und – bitte, bitte! – einen roten Plüschsessel, an den sie gewöhnt ist) mit verpacken wird. Das alles kann doch im Auto verstaut werden. Doch wie gesagt, warten wir damit noch einige Tage.

Was treiben Sie? Lesen Sie viel? Ich hoffe es. Ich lese eigentlich den ganzen Tag, sofern ich nicht esse, spaziere und die Zelle aufwische. Am schönsten ist die Krone des Tages; die zwei ruhigen Stunden abends von 7 bis 9 bei Licht, wo ich für mich denken und arbeiten kann. –

Frau S.[6] war leider so aufgeregt, daß ich um sie sehr unruhig bin.

Seien Sie mir nun vielmals herzlich gegrüßt, leben Sie wohl und seien Sie heiter. Ihre R.L.

Selbstverständlich würde ich mich herzlich freuen, Sie zu sehen, aber damit müssen wir leider warten. Ich darf nur selten Besuche empfangen und vorläufig beanspruchen meine Rechtsanwälte den Zutritt. Holen Sie doch auch Ihre Vase aus meiner Wohnung ab!

5 Rosas Katze. Sie hatte sie im Klassenzimmer der Parteischule, wo sie Vorlesungen hielt, gefunden, durch einen umgefallenen Besen verletzt, mitgenommen und gesund gepflegt (lt. M. J.s Bericht).

6 Sonja Liebknecht.

[Ohne Datum]

Mein liebes Fräulein Jacob!
Herzlichen Dank für die Nachrichten und alle Besorgungen. Ich soll Ihnen aber sagen, daß ich nicht so oft Briefe kriegen darf. [. . .] Auch sollen Sie keine Personen mit bloßen Anfangsbuchstaben bezeichnen; ich weiß, das ist Ihre Gewohnheit in Bezug auf gemeinsame Bekannte, aber das ist hier nicht zulässig. – Mit Belletristik bin ich vorläufig reichlich versehen, also können die ital. und franz. Sachen noch warten. Polnische Bücher durfte ich nicht kriegen, bitte nehmen Sie sie gelegentlich wieder mit. Die Frau Vorsteherin ist momentan abwesend, sie wird sicher gern sehen, wenn Sie ihr Gutentag sagen.[7] Und mir macht es immer eine Freude zu wissen, daß Sie hier in der Nähe waren, auch wenn ich Sie nicht sehen darf. [. . .] Herzliche Grüße und Dank für alles!

Ihre und Mimis R.L.

Die große rote Pflanze heißt Schuppenwurz, die kleine grüne ist sonnenwendige Wolfsmilch.

Dienstag 10. März 1915

Mein liebes Fräulein Jacob!
[. . .] Besten Dank für alle milden Gaben, die mir sehr zustatten kommen. Mehr Wünsche habe ich vorläufig nicht, als daß Sie um mein irdisches Wohlergehen endlich beruhigt sein möchten. [. . .] Vielleicht finden Sie schon in Thüringen[8] etwas Blumen auf den Wiesen, obwohl in dieser Höhe die Vegetation sich sehr wahrscheinlich verspätet. Am Genfer See gibt es schon zahllose Vergißmeinnicht, Veilchen und bald auch meine allerliebste Wiesenblume – Wiesenschaumkraut; Himmelschlüssel nicht zu

7 Hinweis auf die Zugänglichkeit der Vorsteherin.
8 Mathilde stand vor einer Reise nach Thüringen.

vergessen. Nächstes Jahr, wenn ich heil heraus bin, ist keine von diesen Genannten vor mir sicher. Inzwischen gebe ich Ihnen Vollmacht, an meiner statt die Wiesen zu plündern. Im Wald muß es jetzt die hellblaue zarte Anemone geben und die weißen Osterglocken. [. . .] Also schauen Sie nach dem Rechten in Wald und Wiese und beschreiben Sie mir genau, was es gab. [. . .] Sonnigen Ostergruß Ihre R.L.

Aus Mathilde Jacobs Bericht:

Das Gericht hatte Rosa Luxemburg zwei Tage nach Hause beurlaubt, damit sie alles Nötige ordnen konnte. Ich ging in die Südender Wohnung, um einige Vorbereitungen zu treffen. Als ich ein Auto hörte, eilte ich auf die Straße, Rosa Luxemburg zu begrüßen.

»Das habe ich mir so gedacht, daß Sie mich erwarten würden«, sagte sie und umarmte mich. Bald gesellten sich Leo Jogiches und Karl Liebknecht zu uns. Auch Paul Levi[9], Rosa Luxemburgs Verteidiger vor der Frankfurter Strafkammer, dem sie seit diesem Prozeß freundschaftlich verbunden war, wollte sich die günstige Gelegenheit, Rosa Luxemburg zwei Tage sehen und sprechen zu können, nicht entgehen lassen und war deshalb mit einem Frühzug aus Frankfurt gekommen. Auch Franz Mehring fand sich ein und noch einige andere politische Freunde drückten Rosa Luxemburg im Laufe der beiden Tage die Hand. [. . .]

Rosa Luxemburg hatte Selbstbeschäftigung im Gefängnis, wofür 60 Mark monatlich bezahlt werden mußten. Für diese Summe kam der sozialdemokratische Parteivorstand auf, während

9 Paul Levi (1883–1930), Spartakist, nach R.L.s und Jogiches' Ermordung Führer der KPD bis zu seinem Ausschluß 1921.

ein wohlhabender Parteifreund den nötigen Zuschuß für die Wohnungsmiete und sonstige Ausgaben zur Verfügung stellte.
Ich war zu jener Zeit weder davon unterrichtet, daß Rosa Luxemburg vermögenslos war, noch wußte ich über die notwendigen Ausgaben Bescheid. Damals wußte ich auch nicht, wie schädlich die Gefängniskost für die leidende Rosa Luxemburg war. Man sagte mir, sie bekäme Lazarettkost, was mich beruhigte. Erst später erfuhr ich, wie schlecht, oft sogar ungenießbar, auch diese war – denn Rosa Luxemburg klagte nie und verlangte nichts. Sie war stets heiter, arbeitete und erfrischte sich durch gute Lektüre.

Freitag 9. April 1915

Mein liebes Fräulein Jacob!
Hoffentlich kriegen Sie diese Zeilen noch zum Sonntagsgruß, was mein Wunsch ist. Vielen herzlichen Dank für Ihre Briefe, die ich mehrmals lese und die mir viel Heiterkeit bringen. Heute kam der zweite (aus Jena[10], wo mir Ihr Hotel unbekannt ist) mit den schönen Einlagen. Mimi's Bild hat mich schrecklich gefreut, ich muß immer lachen, wenn ich es anschaue: diese Szenen ihrer Wildheit, wenn jemand einen »Annäherungsversuch« unternimmt, habe ich so oft erlebt, daß ich sie fast knurren gehört habe beim Anblick des Bildchens. Es ist vorzüglich gelungen und auch für den jungen Arzt, der soviel Interesse meiner Mimi erweist, habe ich im vornherein die lebhafteste Sympathie. Für die Blumen einen ganz besonderen Dank, Sie wissen gar nicht, welche Wohltat Sie mir damit erweisen. Ich kann nämlich wieder botanisieren, was meine Leidenschaft und beste Erholung nach der Arbeit ist. Ich weiß nicht, ob ich Ihnen

10 Mathilde war nun in Thüringen.

meine Botanisierhefte schon gezeigt habe[11], in denen ich vom Mai 1913 ab etwa 250 Pflanzen eingetragen habe – alle prächtig erhalten. Ich habe sie alle hier, ebenso wie meine verschiedenen Atlanten, und nun kann ich ein neues Heft anlegen, speziell für die *»Barnimstraße«*. Gerade alle die Blümchen, die Sie mir geschickt haben, hatte ich noch nicht, und nun habe ich sie ins Heft gebracht; besonders freut mich der *Goldstern* (das gelbe Blümchen im ersten Brief) und die Kuhschelle, da man dergleichen hier bei Berlin nicht findet. Auch die zwei Epheublätter der Frau von Stein[12] sind verewigt, – richtig hatte ich Epheu noch nicht drin (Hedera helix auf latein); ihre Abstammung freut mich doppelt. Außer dem Leberblümchen waren alle Blumen sehr ordentlich gepreßt, was beim Botanisieren wichtig ist.

Ich freue mich für Sie, daß Sie soviel sehen; für mich wäre das eine Strafe, wenn ich Museen und dergl. besuchen müßte. Ich kriege dabei gleich Migräne und bin wie gerädert. Für mich besteht die einzige Erholung im Schlendern oder Liegen im Grase, in der Sonne, wobei ich die winzigsten Käfer beobachte oder auf die Wolken gaffe. Dies ad notam für den Fall unserer künftigen gemeinsamen Reise. Ich würde Sie nicht im geringsten stören, alles zu besuchen, was Sie interessiert, aber mich müßten Sie entschuldigen. Sie vereinigen freilich beides, was ja am richtigsten ist.

Ein Bild der Lady Hamilton habe ich gesehen in der Ausstellung der Franzosen des XVIII. Jahrhunderts. Ich weiß nicht mehr, wie der Maler hieß, habe nur die Erinnerung einer kräftigen und grellen Mache, einer robusten, herausfordernden Schönheit, die mich kalt ließ. Mein Geschmack sind etwas feinere Frauentypen. Ich sehe noch lebhaft in derselben Ausstel-

11 Diese Hefte erbte Paul Levi nach R.L.s Tod.

12 Mathilde war in Weimar gewesen.

lung das Bild der Madame de Lavallière von der Lebrun gemalt, im silbergrauen Ton, was zu dem durchsichtigen Gesicht, den blauen Augen und dem hellen Kleid wunderbar stand. Ich konnte mich kaum trennen von dem Bilde, in dem das ganze Raffinement des vorrevolutionären Frankreich, eine echte aristokratische Kultur mit einem leichten Anflug von Verwesung verkörpert war.

Fein, daß Sie Engels' Bauernkrieg lesen. Haben Sie den Zimmermannschen schon durch? Engels gibt eigentlich keine Geschichte, sondern bloß eine kritische Philosophie des Bauernkriegs, das nahrhafte Fleisch der Tatsachen gibt Zimmermann. Wenn ich in Württemberg durch die schläfrigen Dörfer, zwischen den duftenden Misthaufen fahre und die zischenden Gänse mit langen Hälsen unwillig dem Auto weichen, während die hoffnungsvolle Dorfjugend einem Schimpfworte nachruft, kann ich mir nicht vorstellen, daß einmal in denselben Dörfern Weltgeschichte mit dröhnendem Schritt ging und dramatische Gestalten sich tummelten. Ich lese zur Erholung die geologische Geschichte Deutschlands. Denken Sie, daß man in Tonplatten aus der algonkischen Periode, d. h. aus der ältesten Zeit der Erdgeschichte, bevor noch jegliche Spur organischen Leben war, also vor ungezählten Jahrmillionen, daß man in solchen Platten in Schweden Abdrücke von Tropfen eines kurzen Platzregens findet! Wie auf mich dieser ferne Gruß der Urzeiten magisch wirkt, kann ich Ihnen nicht sagen. Nichts lese ich mit solcher Spannung wie Geologie.

Zur Frau von Stein übrigens, bei aller Pietät für ihre Epheublätter: Gott straf mich, aber sie war eine Kuh. Sie hat sich nämlich, als Goethe ihr den Laufpaß gab, wie eine keifende Waschfrau benommen, und ich bleibe dabei, daß der Charakter einer Frau sich zeigt, nicht wo die Liebe beginnt, sondern wo sie endet. Von allen Dulcineen Goethes gefällt mir auch nur die feine, zurückhaltende Marianne von Willemer, die »Suleika« des

Westöstlichen Divans. – Ich bin heilfroh, daß Sie sich erholen, Sie hatten es nötig! Mir geht es sehr gut. Herzliche Grüße

Ihre R.L.[13]

Sonntag 11. April 1915

Mein liebes Fräulein Jacob! [...] Sie pressen jetzt famos, mein Heft bereichert sich zusehends. Die Kuhschellen kamen ausgezeichnet an, auch das andere. Namentlich die verschiedenen Kätzchen freuen mich ungemein. Von nun ab aber nur Gepreßtes, ja? [...] Nun komme ich mit den unvermeidlichen Bitten, die sogar etwas dringend sind: 2 Fläschchen Myrrhentinktur, 1 Karton Lilienmilchseife von *Lohse* (3 Stück für 2 M), ein Fläschchen Maiglöckchen von Lohse für 3 M, 1 Schachtel Lanolin mit dem Pfeilring für 30 Pf., eine Schachtel weißen Bohnerwachs für 50 Pf., 3 dünnschalige Zitronen (die ich als Toilettenmittel gebrauche, um mir die Finger von der Tinte zu waschen).

Herzlich Ihre R.[14]

[...]

13 Dieser schöne Brief ist an den Band *Briefe an Freunde* angehängt als an »eine unbekannte Adressatin«, überschrieben mit »Meine Liebe«, typisch für das Dunkel, in dem die wichtige Figur Mathilde Jacobs geblieben ist.

14 So viele Aufträge enthalten viele Briefe: da sie sich wiederholen, sind sie fast immer weggelassen worden. Um aber die Skala der kleinen Wünsche zu zeigen, hier eine Zusammenstellung aus einigen Briefen zu dieser Zeit: Strohhut, weiche Glacéhandschuhe 6¼ braun oder dunkelviolett – die Adresse einer Schneiderin, ein Morgenrock soll kopiert werden, Stoff gerippter oder glatter Samt, weich und leicht, dungelgrün, nicht oliv, oder maulwurfsgrau – ein Schleier – blauer Seidenmantel – neue weiße Bluse. Dazu an Büchern; Gobineau, Renaissance »kleines grünes Buch, wo Goethe steht unten« – dünnes Pflanzenbuch »dunkelgrau, steht auf dem Regal am Fenster oben«. Schuhe reparieren – ein Kamm, weiß, zur Hälfte mit harten Zähnen – eine harte, feste, ausgebogene Zahnbürste.

[Ohne Datum]

Mein liebes Fräulein Jacob!

Soeben kommt Ihr Brief mit den Himmelschlüsselchen und anderen Himmelsgaben. [. . .]

Tausend Dank für Briefe und Blümchen. Mir geht es gut. Viel Vergnügen und Erholung! Herzliche Grüße von Ihrer R.L.

Die Schlüsselblümchen beleuchten mir die Zelle wie Sonnenlicht (sie heißen auch französisch: Chandelier!) Sie sind ganz frisch angekommen. Sie pressen jetzt die Blumen famos! Die Hyazinthe ist wundervoll, auch das Moos! Das blaue Blümchen ist nämlich eine Sternenhyazinthe, Scilla.

26. April 1915

Mein liebes Fräulein Jacob!

Vielen Dank für Ihren Brief und die schönen Sachen. Aber ist das nicht ein Mißverständnis mit Büchern? Es sind lauter solche, die ich gar nicht bestellt habe, hingegen der Band der N. Z.[15] ist *nicht* dabei! Soll das erst kommen? Cunow etc. habe ich seinerzeit richtig erhalten. [. . .] An Onkel Leo [Jogiches] werde ich mit der Zeit durch Ihre Güte schreiben, ich muß ja aber, wie Sie wissen, mit Briefen enthaltsam sein, also vorläufig für ihn und alle Verwandten herzliche Grüße. [. . .] Ich umarme Sie und Mimi vielmals Ihre R.L.

15 *Neue Zeit*, sozialdemokratische Zeitschrift.

Zur gleichen Zeit, Ende April 1915, beendete Rosa Luxemburg ihre JUNIUSBROSCHÜRE[16]*, deren 130 Druckseiten sie in Zelle 219 des Barnimstraßengefängnisses geschrieben hat.*

»[...] Vorbei ist der Rausch. Vorbei der patriotische Lärm in den Straßen, die Jagd auf Goldautomobile, die einander jagenden falschen Telegramme, die mit Cholerabazillen vergifteten Brunnen, die auf jeder Eisenbahnbrücke Berlins bombenwerfenden, russischen Studenten [...], die Straßenexzesse des spionenwitternden Publikums, das wogende Menschengedränge in den Konditoreien, wo ohrenbetäubende Musik und patriotische Gesänge die höchsten Wellen schlugen; ganze Stadtbevölkerungen, in Pöbel verwandelt, bereit, zu denunzieren, Frauen zu mißhandeln, hurra zu schreien und sich selbst durch wilde Gerüchte ins Delirium zu steigern; eine Ritualmordatmosphäre, eine Kischineff-Luft, in der der Schutzmann an der Straßenecke der einzige Repräsentant der Menschenwürde war.
Die Regie ist aus. Die »wankenden Lemuren« sind längst zurückgepfiffen. Die Reservistenzüge werden nicht mehr vom lauten Jubel der nachstürzenden Jungfrauen begleitet, sie grüßen nicht mehr das Volk aus den Wagenfenstern mit freudigem Lächeln; sie trotten still, ihren Karton in der Hand, durch die Straßen, in denen das Publikum mit verdrießlichen Gesichtern dem Tagesgeschäft nachgeht. [...]
Geschändet, entehrt, im Blute watend, von Schmutz triefend – so steht die bürgerliche Gesellschaft da, so ist sie ...
Mitten in diesem Hexensabbat vollzog sich eine weltgeschichtliche Katastrophe: die Kapitulation der internationalen Sozialdemokratie. [...]
Was jetzt in Frage steht, ist der ganze letzte fünfundvierzigjährige Abschnitt in der Entwicklung der modernen Arbeiterbewegung. Was wir erleben, ist die Kritik, der Strich und die Summa unter dem Posten

16 *Die Krise der Sozialdemokratie* (Juniusbroschüre), aus dem Gefängnis herausgeschmuggelt; veröffentlicht aber, wegen Schwierigkeiten, sie zu drucken, erst ein Jahr später, im April 1916. Auf Rat von Freunden gebrauchte R.L. statt ihres Namens das Pseudonym Junius. – Hier sind Auszüge aus dem I. Teil der Broschüre wiedergegeben.

unserer Arbeit seit bald einem halben Jahrhundert. Das Grab der Kommune hatte die erste Phase der europäischen Arbeiterbewegung und die erste Internationale geschlossen. Seitdem begann eine neue Phase. Statt der spontanen Aufstände, Revolutionen, Barrikadenkämpfe, nach denen das Proletariat jedesmal wieder in seinen passiven Zustand zurückfiel, begann der systematische Tageskampf, die Ausnützung des bürgerlichen Parlamentarismus, die Massenorganisation, die Vermählung des wirtschaftlichen mit dem politischen Kampfe und des sozialistischen Ideals mit der hartnäckigen Verteidigung der nächsten Tagesinteressen. Zum ersten Mal leuchtete der Sache des Proletariats und seiner Emanzipation der Leitstern einer strengen wissenschaftlichen Lehre. Statt der Sekten, Schulen, Utopien, Experimente in jedem Lande auf eigne Faust erstand eine einheitliche internationale theoretische Grundlage. [. . .]

Trägerin, Verfechterin und Hüterin dieser neuen Methode war die deutsche Sozialdemokratie. Der Krieg von 1870 und die Niederlage der Pariser Kommune hatten den Schwerpunkt der europäischen Arbeiterbewegung nach Deutschland verlegt. [. . .]

Die deutsche Sozialdemokratie galt als die reinste Verkörperung des marxistischen Sozialismus.

Und was erlebten wir in Deutschland, als die große historische Probe kam? Den tiefsten Fall, den gewaltigsten Zusammenbruch. Nirgends ist die Organisation des Proletariats so gänzlich in den Dienst des Imperialismus gespannt, nirgends wird der Belagerungszustand so widerstandslos ertragen, nirgends die Presse so geknebelt, die öffentliche Meinung so erwürgt, der wirtschaftliche und politische Klassenkampf der Arbeiterklasse so gänzlich preisgegeben wie in Deutschland.

Aber die deutsche Sozialdemokratie war nicht bloß der stärkste Vortrupp. Deshalb muß in ihr und an ihrem Fall die Analyse, der Selbstbesinnungsprozeß ansetzen. [. . .]

Die schonungslose Selbstkritik ist nicht bloß das Daseinsrecht, sie ist auch die oberste Pflicht der Arbeiterklasse. An unserem Bord führen wir die höchsten Schätze der Menschheit, zu deren Hüter das Proletariat bestellt war! Und während die bürgerliche Gesellschaft, geschändet und entehrt durch die blutige Orgie, ihrem Verhängnis weiter entgegenrennt, muß und wird das internationale Proletariat sich aufraffen

und die goldenen Schätze heben, die es im wilden Strudel des Weltkrieges in einem Augenblick der Verwirrung und der Schwäche hat auf den Grund sinken lassen [. . .]
Teuer erkauft die moderne Arbeiterklasse jede Erkenntnis ihres historischen Berufes. Der Golgathaweg ihrer Klassenbefreiung ist mit furchtbaren Opfern besät. Die Junikämpfer, die Opfer der Kommune, die Märtyrer der russischen Revolution – ein Reigen blutiger Schatten schier ohne Zahl. Jene waren aber auf dem Felde der Ehre gefallen, sie sind, wie Marx über die Kommune-Helden schrieb, auf »ewige Zeiten eingeschreint in dem großen Herzen der Arbeiterklasse«. Jetzt fallen Millionen Proletarier aller Zungen auf dem Felde der Schmach, des Brudermords, der Selbstzerfleischung mit dem Sklavengesang auf den Lippen. Auch das sollte uns nicht erspart bleiben. Wir gleichen wahrhaft den Juden, die Moses durch die Wüste führt. Aber wir sind nicht verloren, und wir werden siegen, wenn wir zu lernen nicht verlernt haben. Und sollte die heutige Führerin des Proletariats, die Sozialdemokratie, nicht zu lernen verstehen, dann wird sie untergehen, »um den Menschen Platz zu machen, die einer neuen Welt gewachsen sind«. –

5. Mai 1915

Mein liebes Fräulein Jacob!
[. . .] Mit der Statistik, die Sie nicht finden, ist es ein Kreuz; ich muß das schon selbst besorgen und mein Rechtsanwalt sollte dafür die nötigen Schritte tun; hoffentlich bummelt er nicht. Nochmals vielen Dank für die Blümchen. Die Nelke war königlich. Die 2 blauen heißen Taubenhyazinthen (muscari racemosum), woher hatten Sie das? Herzlichst umarmt Sie und Mimi

Ihre R.L.

Sonnabend 22. Mai 1915

Mein liebes Fräulein Jacob!

Soeben erhalte ich Ihren duftenden Pfingstgruß mit dem lieben Brief, der mir viel Freude bringt. Ich habe Ihnen schon so lange nicht geschrieben, jetzt mache ich mir daraus selbst ein Pfingstfest. Daß Sie neulich mit Klara dabei waren, machte die Hälfte des ganzen Spaßes für mich aus; wir reden mit ihr stets nur über Dinge, die auch Sie interessieren und angehen, und ich wäre sehr gekränkt gewesen, wenn ich Sie nicht mit dabei gehabt hätte; es war mir nachher nur leid, daß ich so wenig dazu kam, mit Ihnen ein Wort zu reden. – Sie verlangen eine Bestätigung über das Empfangene. Also ich erhielt den kurzen Brief mit der traurigen Botschaft von der Erkrankung der Frau Dr. Lehmann und mit dem Bilde Mimi's, das mich hocherfreut hat. Dann bekam ich durch Karl die Flasche Öl, an der ich mich nun täglich berausche und die mir sehr gut tut. Karl hat mir auch eine Nr. illustrierte Zeitung geschenkt, die mir großen Spaß gemacht hat. Von Frau Rosenbaum erhielt ich – aber schon vor einiger Zeit – eine Schachtel Blumen und einen Brief, wofür ich mich bei ihr vielmals bedanke, ja, auch das Buch mit Tiergeschichten, wofür extra Dank. Ihre Gänseblümchen stehen jetzt noch bei mir im Wasser. – Ich glaube, das ist alles. Aber denken sie, ich habe jetzt schon drei Briefe an mich feststellen können, die hier nicht angekommen sind! Umso nötiger, stets die eingetroffenen zu bestätigen. N. B. Mimis Vormund *[Leo Jogiches]* hatte mir neulich, wie das so seine Sitte, einen langen Brief »in 2–3 Tagen« in Aussicht gestellt. Ich habe keinen erhalten. Vielleicht ließ er es nur bei dem Versprechen bewenden. Er zeichnet sich jetzt überhaupt durch Schreibfaulheit aus. [. . .]

Wie gern möchte ich Ihnen auch ein Pfingstgeschenk schicken! Aber ich arme Kirchenmaus lebe ja selbst nur von Wohltaten anderer hier. Also kann ich Ihnen wieder nur ein kleines Büchlein verehren und zwar soll es Voltaire sein. Es sind seine Märchen, die im allgemeinen wenig bekannt sind; ich habe mich bestellenweise köstlich über sie amüsiert. Ich empfehle Ihrer Beachtung auch das gute Bild von ihm, das am Anfang des Büchleins gedruckt ist: der reinste Reinecke Fuchs. Aber der Post mag ich das Büchlein nicht anvertrauen, Sie müssen sich's schon selbst abholen. [. . .]

Ich fand auch, daß Karl sehr schlecht aussieht, gedrückt und zerstreut ist. Worin besteht der Heldenmut seiner Frau, von dem Sie schreiben? Ich werde mich sehr freuen, das zu hören. Ich will ihr mal schreiben, aber doch erst, wenn Karl wieder fort ist, jetzt hat sie ja an ihm den besten Trost, wenn sie eines bedarf.

Den Deckel von Ihrer letzten Blumenschachtel habe ich nicht, ich kriege sie ja schon geöffnet.[17] [. . .]

Daß der Staatsanwalt meinen Urlaubsantrag wegen der Statistik abgelehnt hat, wissen Sie wohl schon. Also nichts zu machen. Na, ich arbeite, so gut ich kann. [. . .] Mit vielen Grüßen an Karl, Onkel Leo und den Alten *[Franz Mehring]* umarme ich Sie und Mimi vielmals und bleibe Ihre R.L.

28. Mai 1915

Mein liebes Fräulein Jacob!

Herzlichen Dank für die herrlichen Rosen und Tannenzweige, sowie alles andere. Aber – aber: ich *darf* nicht so oft Blumen kriegen und nicht so häufig lange Briefe. Sie werden ahnen, daß es nicht mein Herz ist, das mir diese Zeilen diktiert, sondern – das Reglement. [. . .] Natürlich können wir uns deshalb über alles Nötige verständigen, nur – mit Maß! Auch kann Mimis

17 Der Deckel enthielt offenbar eine Botschaft, da M.J. extra nach ihm gefragt hatte.

Vormund (dessen Karte ich soeben erhalte) über Mommsen alles schreiben, was ich gern lesen und beantworten werde, er schreibt sowieso höchst selten. [. . .] Ich umarme und küsse Sie und Mimi vielmals

Ihre R.

4. Juni 1915

Mein liebes Fräulein Jacob!
Vielen Dank für die Bluse (die herrlich gewaschen ist), für Öl und alles. [. . .] Wenn Ihre Zeit wieder erlaubt, bekümmern Sie sich bitte, um meine Gertrud[18], sie ist in großer Not, man müßte ihr Verdienst verschaffen; auch Frau Ros. bitte ich darum wieder. Schicken Sie ihr, der Gertrud, auch, bitte, für mein Geld einen solchen Frühlings- und Sommerblumenatlas von Schuhmacher. Mimis Vormund bitte ich um gelegentliche Information, ob von Mommsens Römischer Geschichte in diesem Jahr eine neue unveränderte Auflage erscheinen wird, wie ich im Tagblatt mal gelesen habe. Und nun, nachdem ich, wie ich eben nachgezählt, sechsmal »bitte« wiederholt habe, schließe ich mit »danke« und umarme herzlich Sie und Mimi sowie Klara

Ihre R.L.

23. September 1915

Mein liebes Fräulein Jacob!
Sie sind wirklich ein gutes Herz, daß Sie mir nicht zürnen wegen meiner letzten rabiaten Karte; ich machte mir nachher bittere Vorwürfe. Es geht mir ganz gut; seien Sie ruhig um mich. Ihre Liebesgaben tragen wesentlich dazu bei; herzlichen Dank dafür. [. . .] Von Karl habe ich seit einer Karte aus Königsberg keine Nachricht; vielleicht ist sie wieder nicht angekommen,

18 R.L.s Hausangestellte Gertrud Slottko.

wie das schon mehrmals passierte. Schreiben Sie ihm gelegentlich, daß ich ihm die Königsberger Karte beantwortet habe (zum ersten Mal). Am Montag kommen Franz und Eva, worauf ich mich sehr freue.
Den Ausschnitt aus der B. Tagw. könnten Sie mir vielleicht im Brief gelegentlich schicken? [...] Warum war soviel Unruhe um Sie und *in Ihnen*, wie Sie schrieben? [...]
Herzlich umarmt Sie und Mimi Ihre R.

Grüßen Sie, bitte, herzlich von mir Frau Ros. Ich schreibe ihr nächstens. Lassen Sie auch gütigst die Gertrud wissen, daß ich ihr sehr danke für die schönen Bildchen, aber nicht so oft erhalten darf und auch nicht viel schreiben kann.

2. Oktober 1915

Mein liebes Fräulein Jacob!
[...] Ihre Blumen prangen auf meinem Tisch in üppiger Schönheit, das Löwenmaul entfaltet alle Knospen, auch die Astern und die Levkojen; ich pflege sie aber auch mit derselben Zärtlichkeit wie Sie unsere Mimi. Die Kätzchen bringen mich übrigens in Erstaunen, ich wußte garnicht, daß in dieser Zeit selbst im Treibhaus Weiden blühen können. Ihre Weide im Lazaretthof ist schon fast so groß wie ich (was ja freilich nicht viel besagen will). Haben Sie irgendetwas von Karl wieder gehört? Hat er an jemanden geschrieben? Bitte, lassen Sie mich gleich wissen![19] Erwarte auch von Frau Eva[20] Nachrichten, ich habe ihr gestern geschrieben. Ich habe Sehnsucht nach einem guten Brief[21] von Ihnen. Ich umarme Sie und Mimi herzlich Ihre R.

19 Karl Liebknecht war als Armierungssoldat eingezogen.
20 Franz Mehrings Frau Eva.
21 *Guter Brief* bedeutet: illegal beförderter Brief.

Aus Mathilde Jacobs Bericht:

Nach Ablauf von sieben bis acht Monaten der Gefängniszeit verschlechterte sich Rosa Luxemburgs körperlicher Zustand so sehr, daß sie zeitweise das Bett hüten mußte. Wahrscheinlich auf Anordnung des Arztes erlaubte jetzt die Gefängnisvorsteherin, daß ich etwas Zusatznahrung bringen durfte – »Einmal in der Woche und auch nicht viel« bestimmte sie.
Allmonatlich durfte Rosa Luxemburg Besuch empfangen. Als erster hatte Dr. Franz Mehring mit Gattin seine politische Freundin aufgesucht. Noch zwei oder drei andere Freunde durften kommen, die übrigen Besuchsmöglichkeiten sollte auf Rosa Luxemburgs Wunsch ich wahrnehmen, weil die Schmuggeltätigkeit bei mir in den besten Händen lag, wie sie meinte.
Briefe durfte unsere Gefangene ebenfalls nur einmal im Monat schreiben und empfangen. Die Vorsteherin ließ hier manchmal Ausnahmen zu.
Als der immer unbequemer gewordene Liebknecht als Armierungssoldat ins Feld geschickt wurde, ließ Leo Jogiches mich seine politischen Situationsberichte ins Gefängnis hineinschmuggeln; die Äußerungen unserer Gefangenen hierüber, Artikel, Texte für Flugblätter usw. kamen auf demselben Wege heraus. Rosa Luxemburg und ich waren unermüdlich im Erfinden neuer Schmuggelmethoden, die oft recht zeitraubend waren. Bei schriftlichen Sendungen vereinbarten wir ein Stichwort oder ein Zeichen, das den Empfang bestätigte.
Nicht selten kam es vor, daß diese Bestätigung ungewöhnlich lange auf sich warten ließ. Dann litten wir Qualen der Angst. Wir zitterten für einander um die Zuchthausstrafe, die uns die Entdeckung unserer geheimen Korrespondenz eingebracht hätte. Blieb die Bestätigung gar zu lange aus, so wurde selbst Leo Jogiches unruhig und versuchte, mich zu trösten.
Rosa Luxemburg verstand es ausgezeichnet, in ihren Briefen

hinter harmlos klingenden Wendungen Zeichen und Winke zu geben und uns stets wieder Mut einzuflößen. Ihr Brief vom 5. Oktober 1915 ist ein gutes Beispiel dafür.

5. Oktober 1915

Mein liebes Fräulein Jacob!
Sie haben mich plötzlich so reich und fröhlich gemacht, daß ich Ihnen gleich danken muß. Überhaupt geht es mir mit Ihnen wie im Märchen mit dem ›Tischlein deck Dich‹. Kaum hatte ich neulich den Wunsch nach einem guten Brief ausgesprochen, als er auch schon hier war; und jetzt saß ich gerade etwas gedeppt, als mir der herrliche Strauß wieder soviel Farbe und Duft in die Bude gebracht hat, und auch das Gefühl, daß Sie hier in der Nähe waren. Wenn ich Sie bloß hätte für einen Moment sehen können. [...] Zunächst das Wichtigste: die Blumen. Ob Sie auch wissen, was das für Schätze sind, die Sie mir geschickt haben? Also auf jeden Fall: die kleineren gelben mit der braunen samtigen Mitte, das ist der Alant (Inula Helenium), die großen gelben, die der Sonnenblume ähnlich sind, das ist Topinambur (Helianthis Tuberosus), endlich die winzigen gelben in den vielen Trauben, so schön duftend, das ist die Canadische Goldrute (Solidago Virgaurea), alle drei aus der Familie Compositen. Die wundervoll gelbrot gefärbten Blättchen sind natürlich von einer Eberesche, der blutrote Zweig ist ein Prunus oder »Türkische Kirsche«, Zierstrauch aus der Familie der Rosazeen; endlich der Zweig mit den ganz schmalen, unten silbrigen oben dunkelgrünen Blättchen ist ein weidenblättriger Sanddorn. Die Farben der Astern sind unaussprechlich schön, – ein echtes Herbstgemälde der ganze Strauß. Es freute mich herzlich zu hören, daß mein alter Herr *[Franz Mehring]* schon wieder wohler ist; er gehört zu jenen großen Bäumen, die von der geringsten Krankheit wie ein kleines Kind gleich umfallen,

sich aber ebenso rasch wieder aufrichten. Von Karl hatte ich gestern einen Brief; es geht ihm offenbar ganz elend in jeder Beziehung, obwohl er munter schreibt wie immer; allerdings ist der Brief schon am 25. geschrieben, und wie es seitdem mit ihm steht, wissen die Götter. Er hat meine Karte erhalten und ich will ihm bald wieder Nachricht geben. Auch Klara ließ mir eine Zeile zukommen.

Was ist es aber, daß Sie heute so tonlos und traurig schreiben? Ist irgendetwas passiert, oder täuscht mich mein Ohr? Hoffentlich lassen Sie mich gleich alles wissen, was Sie erfahren, ob es Gutes oder Böses ist; das Schlimmste von allem ist die Ungewißheit. Wie stehts mit Grozi *[Jogiches]*? Hat er seine Arbeit wieder aufgegeben oder mangelts an Energie? Sie wollten ihm ja Temperament beibringen. – Wie üblich habe ich noch einige Bitten in petto: 1) eine Tasse! und möglichst mit dem gleichen Muster: Palmblätter; jene schöne ist nämlich den Weg alles Fleisches gegangen; 2) das zweite Buch von Tugan-Baranowsky (Theoretische Grundlagen des Marxismus), steht bei mir auf dem großen Regal. Das alles hat natürlich Zeit bis zur nächsten Gelegenheit.

Ich freue mich sehr bei dem Gedanken, daß Sie Frau Rosenbaum auf meinem Balkon bewirten werden und hoffe, daß Sie es gemütlich haben werden.

Noch eine kleine Unruhe plagt mich. Rechnen Sie denn mit meinem Kassierer *[Jogiches]* ordentlich ab und notieren Sie auch alle die unzähligen Ausgaben?! Ich wäre Ihnen sehr dankbar für eine Beruhigung.

Vielen Dank für Ihre Kirschen, sie sind ein Meisterwerk, und ich habe heute, dank Ihnen, ein ferschtliches Abendbrot. Ich umarme Sie und Mimi herzlich

Ihre R.

Eben bemerke ich an meinem Unterrock einen ganz neuen Gürtel. Was sind Sie für eine Zauberin, daß sich alles verjüngt in Ihrer Hand! Aber warum verschwenden Sie Ihre Zeit und Aufmerksamkeit auf solche elenden Lappalien? Das macht mich ganz unglücklich.

Sonntag 10. Oktober 1915

Mein liebes Fräulein Jacob!
Vielen, vielen Dank für den reizenden Blumengruß. Und dazu meine Lieblingsblumen: die zarten Anemonen! Sie haben mir wirklich eine große Freude gemacht, aber die Norddeutsche Allgemeine hat doch Recht: das deutsche Volk ist so verschwenderisch, wie wenn das Vaterland nicht in Gefahr und Not wäre. Wie sollen wir »durchhalten«, wenn das Volk nicht sparsamer wird? [. . .]
Die Idee mit der Mimi zeigt mir[22], daß auch gute Geister, ja namentlich diese, die Schwäche und Gebrechlichkeit der irdischen Dinge nicht zu erfassen vermögen. Die Mimi im Korb getragen, für einen Tag mitgenommen und dann wieder abgeliefert! Wie wenn es sich um eine gewöhnliche Kreatur aus der Gattung felis domestica handelte! Nun wissen Sie, guter Geist, daß Mimi eine kleine Mimose, ein hypernervöses Prinzeßchen im Katzenfell ist, daß schon als ich, ihre eigene Mutter, sie einmal mit Gewalt aus dem Haus heraustragen wollte, Krämpfe gekriegt hat vor Aufregung und mir in den Armen steif geworden ist, mit brechenden Äuglein wieder in die Wohnung getragen werden mußte und nach Stunden zu sich kam. Ja, ja! Sie haben keine Ahnung, was mein Mutterherz schon durchgemacht hat. Also lassen wir Mimichen in der Wohnung. [. . .]
Aber wenn Sie allein kommen, wird mir sehr wohl sein [. . .] dann hoffe ich Sie am Mittwoch, wenn Sie Ihre Zeit ebenso verschwenden wie den schnöden Mammon, bei mir zu sehen.
Inzwischen mit herzlichen Grüßen Ihre R.L.

22 Mathilde hatte vorgeschlagen, die Katze im Korb mitzubringen.

16. Oktober 1915

Mein liebes Fräulein Jacob!

Ich habe gestern meinem Rechtsanwalt nicht aufgetragen, Ihnen für die letzten Gaben zu danken, weil ich mir nicht nehmen lassen wollte, dies selbst zu tun und mit Ihnen dabei ein wenig zu plaudern. Also herzlichsten Dank für die Blumen – vorläufig reichen sie für eine ganze Weile, ich pflege sie aufs Sorgfältigste, so daß sie noch alle frisch sind –, auch für die schöne Tasse, die ich natürlich nicht wage, anzurühren, vor Angst, sie könnte hier Schaden nehmen. Zu nächstem Dienstag schicke ich sie Ihnen herunter in der schwarzen Tasche, ich werde ruhiger sein, wenn sie wieder in Ihren Händen ist. Das ›Tischlein deck dich‹ hat mir auch Eau de Cologne gerade gebracht, als ich mir den Wunsch danach in den Bart murmelte. Und wie hübsch waren die schönen Äpfel und Birnen mit Blättern garniert! Wenn ich bloß wüßte, von welchem Baum die Blätter sind! Ich kenne sie längst, diese Bäume stehen auch in der Grunewaldstraße am Bahnhof Steglitz, aber ich bin bis jetzt nicht klug, wo ich sie unterbringen soll. NB. In dem vorletzten Strauß hatten Sie mir einen so prächtigen Zweig eines Nadelbaumes mitgegeben, den ich mir natürlich eingeklebt habe: es ist virginischer Wacholder, ein Zierstrauch, offenbar aus einer Anlage.

Die große Freude dieser Woche war die Befreiung Klaras. Nun bin ich ja um alle so ziemlich beruhigt – ausgenommen um Sie, denn Ihre Stimmung ist ganz gewiß nicht so, wie ich es mir wünsche. – Der Alte war übrigens ziemlich gedrückt und klagte noch über Mattigkeit. Ich möchte ihm jetzt gerade viel Sonnenschein gönnen, aber wo nehmen und nicht stehlen? [. . .] Ich bin so froh, daß Sie für die Botanik dauerndes Interesse bewahren, aber ein Buch rate ich Ihnen ab zu erwerben. Ich kenne ziemlich alle neueren Atlanten, sie taugen garnichts. Das beste Pflanzenbuch ist ein alter, völlig vergriffener Schmöker, den ich antiquarisch billig für 25 Mark gekauft habe (er ist hier in

meiner Zelle, da ich ohne ihn nicht leben kann). Dieser reicht für uns beide aus und wir werden ihn später gemeinsam genießen, wie die Mimi.
Ich hatte die leise Hoffnung, *Sie* in diesem Monat noch zu sehen, nun meldet sich wieder stürmisch Frau Wurm[23] an, die wir seit 8 Monaten warten lassen. Der Himmel weiß, welche Sehnsucht ich schon habe, Sie zu sehen und zu sprechen.
Was macht mein Liebling Mimi?
Ich umarme Sie beide vielmals Ihre R.

21. Oktober 1915

Mein liebes Fräulein Jacob!
Vielen Dank für Ihren lieben Brief, nun möchte ich Sie aber bitten, sich gleich hier zum nächsten Besuch bei mir in aller Form zu melden [...] Jetzt will ich nicht länger warten und rechne bestimmt für den ersten zulässigen Moment also im November auf *Sie*; melden Sie sich nun, bitte, gleich! Daß Sie bei dieser eiligen Arbeit und dem Zeitmangel soviel mit Dienstagsfahrten[24] zu mir versäumen müssen, ist mir schrecklich [...] Für Belletristik besten Dank, ich lese sie sehr selten, die paar Bücher von Ihnen genügen mir [...] Locken Sie ja die Klara nicht her, es wäre ja Wahnsinn, wenn sie wieder herkäme, es lohnt sich bald nicht mehr. Groß *[Jogiches]* beruhigen Sie, meine Arbeit[25] wird nicht wirtschaftshistorisch, sondern vorwiegend theoretisch sein. Darüber bald ausführlicher. Noch von leidigen Fressalien darf ich Sie bitten: keine Eier mehr, ich muß eine Pause machen, vielleicht mal eine Schachtel Sardinen. Auch Brötchen kann ich nicht mehr unterbringen, als ich hier kriege.

23 Mathilde Wurm (1874–1935), USPD, von 1920 an Reichstagsabgeordnete.
24 Um Essen in der »schwarzen Tasche« zu bringen, in der häufig Nachrichten versteckt waren.
25 *Antikritik.*

– Die Kornblumen waren eine herrliche Überraschung, aber wo wachsen die jetzt? Mit Blumen müssen wir jetzt auch eine längere Pause machen! Ich umarme Sie und Mimi vielmals

Ihre R.L.

[ohne Datum]

Mein liebes Fräulein Jacob!

Einen frisch fröhlichen Wintergruß sende ich Ihnen zum morgigen Sonntag. Schreiben Sie bitte der Klara, daß ich inzwischen von ihrem Sohn[26] Nachricht hatte, sodaß sie sich nicht zu beunruhigen braucht [. . .]

Ich möchte doch hören, wie Ihnen ›Pitt und Fox‹ gefallen haben. Am Sonntag kriegen Sie hier den längst versprochenen Boileau, den ich jetzt fertig habe. Er ist ziemlich langweilig, aber von wegen »klassischer Bildung« muß man ihn doch gelesen haben. Manchmal ist er auch ganz witzig, so fängt seine VI Satire sehr nett an; auch der Schluß der VII ist vorzüglich. – Ob Sie den Anatole France schon gefunden haben? Noch eine Frage: besitzen Sie zuhause Meyer's Lexikon? Ich würde Sie nämlich in diesem Falle bitten, mir regelmäßig einiges auszunotieren. Der meinige ist ja jetzt wegen der Kälte in Südende nicht zu gebrauchen. Es ist aber ein fatales Arbeiten, wenn man nicht gleich nachsehen kann, was man braucht. Ich umarme Sie und Mimi herzlichst

Ihre R.

5. November 1915

Mein liebes Fräulein Jacob!

Ich will Ihnen nur eine Zeile schreiben, um Ihnen zu sagen, daß ich dank Ihrer Güte mit Fressalien vorerst gut versorgt bin und

26 Konstantin Zetkin.

Sie am Dienstag etwa nur ein paar Sardinen mitbringen möchten. – Wie nett war Ihr Einfall, mir Gedichte zu schicken; ich habe schon so lange keine (außer Goethe, von dem ich mich nicht trenne) gelesen. Hölderlin kannte ich (o, Schmach) fast noch garnicht. Er ist mir ein wenig zu pomphaft. Wenn man z.B. sein »An die Hoffnung« mit Mörickes gleichem Thema vergleicht, wieviel inniger und poetischer ist Möricke! Dieses letztere Gedicht hat übrigens Hugo Wolf zu einem himmlischen Lied vertont. Mit Hölderlin gebe ich Ihnen am Dienstag noch den Federigo Confaloniere von Ricarda Huch mit, den Sie wohl noch nicht kennen. Ich habe fast alles von ihr gelesen, halte aber den Confaloniere für das Beste. Den »großen Meyer« wollten Sie mir aus Südende hierher verpflanzen, Sie liebe Seele? Ich habe mich sehr darüber amüsiert. Wie sollte ich denn die 22 Quartbände hier unterbringen? Nein, lassen Sie nur, ich komme schon so aus [...] Mahonie und Ilex kenne ich wie meine Tasche; das Blatt ist von einer ganz anderen Pflanze, ich schicke es Ihnen im nächsten Brief mit. Ich umarme Sie und Mimi herzlich

Ihre R.

Das Solanum lycopersicum, zu deutsch: Tomate, war ein glänzender Gedanke, ich schwelgte darin.

10. November 1915

Mein liebes Fräulein Jacob!
Sie sind unverbesserlich! Wieder ein Füllhorn in Gestalt der Markttasche, während ich noch mit den Liebesgaben von voriger Woche nicht fertig bin! Mit Zucker eröffne ich hier nächstens eine kleine Viktualienhandlung (ich verbrauche nämlich 1½ Würfel täglich und Sie bombardieren mich mit Kilos). Vielen Dank für die prächtigen Astern und für Ricarda. Ich habe natürlich die Gedichte sofort fleißig gelesen, aber ich muß ge-

stehen: weibliche Erotik en public ist mir seit jeher peinlich. Wie unser Auer[27] einmal sagte: »sowas *tut* man, sowas sagt man nicht«. Jedenfalls ist mir ihre Prosa lieber. Aber gefreut hat mich Ihr Geschenk doch [. . .] Ich umarme Sie und Mimi herzlich

Ihre R.

Um Gotteswillen, nennen Sie mich nicht »liebe *gute*«; das haben Sie von der Klara gelernt, ich kann aber diesen Gevatterinton nicht ausstehen.
Doch noch eine Bitte: Mein Elexier wieder! Ich entwickle mich zu einem richtigen Säufer.

13. November 1915

Mein liebes Fräulein Jacob!
Ich will Ihnen nur vermelden, daß ich mit Viktualien vorläufig versehen bin und hoffe, daß Sie mir Dienstags nichts bringen, als mein Elexier und etwa Bücher. Ich begreife gar nicht, was mit Tugan-Baranowsky und Anatole France ist, warum sind die nicht herauszukriegen? Ist Groß dermaßen in seinem historischen Studium vergraben? Apropos: ich fand zum Thema Kirchenstaat, das ihn so interessiert, im Plötzschen ›Auszug der Geschichte‹ folgenden Passus: »Papst Pius IX flieht im November 1848, als in Rom sein Minister Rossi ermordet worden war, nach Gaeta. Römische Republik wird proklamiert, welcher sich auch Toskana nach Vertreibung des Großherzogs anschließt. Aber österreichische Truppen besetzen Toskana und die zum Kirchenstaat gehörige Romagna, französische Truppen stellen in Rom die weltliche Herrschaft des Papstes wieder her. Französische Besatzung bleibt in Rom.« [. . .] Dann noch zu dem andern Thema, mit dem er sich beschäftigt, fand ich bei

27 Ignaz Auer (1846–1907), sozialdemokratischer Abgeordn. Parteivorstandsmitglied.

Guizot (Geschichte des Bürgerkriegs in England) reiches Material: Die englische Seemacht und die Stellung Englands in der Welt ist geradezu das Werk der Revolution von 1649: während die »Eisenseiten« Cromwells mit den »Kavalierheeren« Stuarts einen unermüdlichen Krieg führten, fand die Republik Zeit und Mittel, ein starkes Heer und eine starke Flotte auszurüsten, Schottland und Irland zu unterwerfen und anzugliedern, einen siegreichen See- und Landkrieg gegen Spanien in beiden Welten zu führen, Jamaica zu erobern und im Mittelmeer dem englischen Handel die erste Stellung zu sichern. (Die berühmte Navigationsakte 1651 ist eine von den Äußerungen jener Periode.) Machen Sie ihn auf diese Tatsachen aufmerksam.[28]

Franziskus *[Mehring]* schrieb mir wegen eines Besuches. Ich denke, er kann sich für den Anfang Dezember bald melden. Am Montag kommt Mat. Wurm her. [. . .]

Ihre Anna Karenina habe ich gelesen. Die Übersetzung ist haarsträubend. Aber es fragt sich, ob es eine bessere gibt. Was ich irgend an Übersetzungen der russischen Literatur gelesen habe, es war immer ein arger Schund, denn diese Übersetzungen werden meist von russischen Hungerleidern mosaischer Konfession ausgeführt, die sich als solche einbilden, die deutsche Sprache zu kennen, dabei aber literarisch völlig ungebildet sind. Ich weiß also nicht, ob es für Sie einen Zweck hat, umzutauschen. Und trotz der liederlichen Übersetzung wirkt das grandiose Kunstwerk doch. Soll ich also Ihren Namen hineinschreiben?

Ich umarme Sie und Mimi aufs Herzlichste Ihre R.L.

28 Hinweise, die von Jogiches offenbar auf die aktuelle Lage angewandt werden sollen.

Aus Mathilde Jacobs Bericht:

Schließlich ging auch dieses Gefängnisjahr zu Ende. Der 18. Februar 1916 nahte heran [...]
Genau zu der Stunde, in der Rosa Luxemburg in das Gefängnis eingeliefert worden war, um ½4 nachmittags, sollte sie entlassen werden. Sie hatte mich gebeten, sie abzuholen und nach Hause zu geleiten. Als ich Karl Liebknecht, der auf Urlaub in Berlin war, um an den Landtagssitzungen teilzunehmen, hiervon erzählte, wollte er unsere Gefangene mit mir gemeinsam abholen. Da ich ihn als unpünktlich kannte, drohte ich, nicht zu warten. Aber obgleich ich selbst verfrüht am Potsdamer Platz, dem Ort unserer Verabredung, eintraf, erwartete er mich dort bereits, mit so viel Blumen in den Händen, wie er nur halten konnte.
Viel zu früh nahmen wir eine Taxe, fuhren von Café zu Café, bestellten etwas und waren doch zu aufgeregt, um es zu verzehren.
Uns beschäftigte der Gedanke, wie die geplante Demonstration ausfallen würde. Die sozialistischen Frauen Berlins wollten es sich nicht nehmen lassen, Rosa Luxemburg beim Verlassen des Gefängnisses zu begrüßen. Da sie fürchteten, die Polizei könnte Absperrungsmaßnahmen vornehmen, hielt sich ein Teil von ihnen seit den frühen Morgenstunden in den Häusern der Barnimstraße und der angrenzenden Querstraßen verborgen. Die Polizei sperrte die Straßen ab, die zum Gefängnis führten, als sie einen Zug Demonstrantinnen kommen sah. Dieser Zug begab sich in den nahegelegenen Friedrichshain, um dort zu demonstrieren. Die Genossinnen aber, die sich verborgen gehalten hatten, stürzten, als unser Wagen sich dem Gefängnis näherte, hervor und jubelten Karl Liebknecht zu, so daß die Polizei im Augenblick machtlos war.
Als ich ins Gefängnis trat, vergaß ich zunächst unter dem Ein-

druck der gelungenen Demonstration und vor lauter Aufregung, zu Rosa Luxemburg zu gehen, bis die Vorsteherin kam und sich erkundigte, ob ich Frau Dr. Luxemburg nicht heimbringen wolle. »Sie haben mich so harmlos nach der Stunde der Entlassung gefragt, ich konnte mir nicht träumen lassen, daß solch ein Unsinn inszeniert würde. Die Frauen täten besser, ihren Männern die Strümpfe zu stopfen und den Haushalt zu besorgen.«

Endlich stand ich vor Rosa Luxemburg. »Sie wollen mich wohl nicht holen, Mathilde? Wir warten auf Sie, damit wir nach Hause fahren können.«

Die Vorsteherin bat uns, das Gefängnis durch den Lazarett-Torweg in der Weinstraße, der nicht von Menschen umlagert war, zu verlassen und ließ das Auto dorthin dirigieren.

Als wir über den Lazaretthof gingen, glaubte ich, nicht richtig zu sehen. Die Krankenzellen dort hatten etwas größere und leichter zu öffnende Fenster als die gewöhnlichen Gefängniszellen. Aus allen diesen Fensterchen schauten die Insassen durch die Gitterstäbe und winkten mit Tüchern; Aufseherinnen sahen aus den Korridorfenstern; das Gefängnis war aufgestört, erregt, lebendig und seiner elenden, grauen Monotonie entrissen.

Karl Liebknecht wollte das Auto zum Friedrichshain fahren lassen. Wir baten, davon Abstand zu nehmen, da wir fürchteten, man könne Rosa Luxemburg aufs neue verhaften. So fuhren wir den direkten Weg und erreichten ohne Unterbrechung Rosa Luxemburgs Wohnung in Südende. [. . .]

Freunde und Deputationen der Berliner Wahlkreise kamen, um Rosa Luxemburg zu begrüßen. Sie alle brachten Geschenke als Willkommengruß. Bald glich die Wohnung halb einem Gärtnerladen, halb einem Lebensmittelgeschäft.

»Mathilde, Sie müssen nachdenken, was ich von den Lebensmitteln abgeben kann«, sagte Rosa Luxemburg, als wir am

Abend jenes Tages allein waren. Sie wollte, wo andere Not litten, nicht so viel für sich behalten. [. . .]
Rosa Luxemburg war viel kränker aus dem Gefängnis gekommen, als wir wußten. Trotzdem arbeitete sie, ohne sich Erholung zu gönnen. Oft schrieb sie ihre Manuskripte unter heftigen Schmerzen. Sagte ich dann: »Rosa, vielleicht ruhen Sie ein wenig«, so antwortete sie: »Ich nehme keine Notiz von den Schmerzen. Ich tue so, als ob sie mich nichts angingen und kann dann sehr gut arbeiten.«
Häufig blieb ich über Nacht in Südende. Die Wohnung hatte ein hübsches Fremdenzimmer, das mir Rosa Luxemburg einräumte und dies im wahren Sinne des Wortes. Ich sorgte meist nur dafür, daß die übrigen Räume in Ordnung waren. Für mein Zimmer zu sorgen, nahm ich mir nicht die Zeit. Eines Tages fand ich es gründlich gesäubert, einige neue Bücher auf dem Tisch und frische Blumen in Vasen und Schalen.
»Ja«, sagte Rosa Luxemburg, »das Zimmer habe ich gescheuert und geputzt, darauf verstehe ich mich. Meine Zelle war stets sauber wie ein kleines Schmuckkästchen.« Zu jener Zeit waren Karl Liebknecht und Leo Jogiches die häufigsten Gäste in Südende. [. . .] Die Zusammenarbeit zwischen Karl Liebknecht und Rosa Luxemburg wurde immer enger. Manchmal wünschte ich, er wäre weniger unzertrennlich von Rosa Luxemburg gewesen. Sein Name wurde stets mit dem von Rosa Luxemburg genannt, und sein Auftreten wurde immer mutiger, immer kühner. Oft waren seine Handlungen tollkühn und nicht frei von Eitelkeit. Baten ihn Franz Mehring oder Rosa Luxemburg von dieser oder jener Aktion abzusehen, so pflegte er zu antworten, man möge um ihn ruhig sein, die Immunität als Abgeordneter schütze ihn vor Verhaftung. Einmal sprachen wir mit Rosa Luxemburg kritisch über Karl Liebknecht und sie sagte: »Vergleicht ihn nicht mit Leo Jogiches, wie ihr es zu tun pflegt, vergleicht ihn mit deutschen Genossen und ihr werdet sehen, wie

hoch er über ihnen steht. Außerdem solltet ihr den Lassalle fleißiger studieren, ihr könnt viel davon lernen. Auch Lassalle war eitel.«

Rosa Luxemburg hatte jeden neuen Frühling mit gleichem Entzücken begrüßt. Im Frühling 1916 aber, als sie die enge Kerkerhaft verlassen hatte, erfüllte sie das Grünen und Knospen in der Natur mit unendlicher Freude. Sie suchte nach dem ersten Ehrenpreis, das sie jubelnd aus seinem Versteck hervorholte. Manchmal fuhr sie in früher Morgenstunde mit mir nach Lichtenrade, um sich dort in der Abgeschiedenheit der Natur zu erfreuen [...] Von Zeit zu Zeit unternahm sie nach ihrer Haftentlassung Reisen ins Reich zu illegalen Zusammenkünften und Versammlungen. Diese Reisen liebte sie, nahm sie doch so nach langer Zeit wieder Fühlung mit Parteifreunden.

Sehr glücklich war sie nach einer Reise durch Württemberg im Vorfrühling 1916, wo sie einige Tage bei Klara Zetkin blieb. Es sollte das letzte Wiedersehen zwischen beiden gewesen sein.

Auch Paul Levi besuchte sie auf dieser Reise. Er lag damals von Kriegsstrapazen krank in Königstein im Taunus. Ich hatte ihm auf Rosa Luxemburgs Wunsch gleich nach Herauskommen die Juniusbroschüre geschickt. »Das erste Buch, das ich wieder gelesen habe«, schrieb er mir, »meine Kräfte wollten zum Lesen nie ausreichen. Diese Schrift aber habe ich ausgelesen, ohne sie aus der Hand zu legen. Sie ist grandios.« [...]

Der erste Mai 1916 kam heran. Zu diesem Tage hatte die Spartakusgruppe allein eine Demonstration vorbereitet, um die Massen in eine Antikriegsaktion zu ziehen. Das Flugblatt dazu stammte aus Rosa Luxemburgs Feder. Handzettel mit »Wer gegen den Krieg ist, erscheint am 1. Mai abends 8 Uhr auf dem Potsdamer Platz« wurden in den Betrieben verteilt [...][29]

29 Tatsächlich erschienen 10000, Rosa Luxemburg unter ihnen. Karl Liebknecht in der Uniform eines Arbeitssoldaten rief sein: »Nieder mit dem Krieg! Nieder mit der Regierung!«, wurde verhaftet und anschließend zu 2½ Jahren Zuchthaus verurteilt.

Nach Liebknechts Verhaftung auf dieser Demonstration begannen für Rosa Luxemburg schwere Tage. Ein großer Teil der von ihm geleisteten politischen Arbeit mußte von ihr übernommen werden [...] Wiederholt wurden Haussuchungen in Rosa Luxemburgs Wohnung vorgenommen. Man fand einen Korrekturabzug des Flugblattes »Hunger«, das von Rosa Luxemburg verfaßt und zu jener Zeit in die Betriebe und Schützengräben gelangt war [...]
Für die ersten Tage des Juli 1916 war Rosa Luxemburg von Leipziger Genossen gebeten worden, an internen Besprechungen teilzunehmen und einige politische Referate im engsten Kreis zu halten. Am 9. Juli erwarteten wir sie zurück. Als ich am Vormittag dieses Tages, es war ein Sonntag, die drei Treppen zu ihrer Behausung hinaufstieg, begegneten mir zwei Männer. Sie standen plötzlich neben mir, als ich die Wohnungstür aufschließen wollte, stellten sich als Neuköllner Parteigenossen vor und baten, mit in die Wohnung kommen zu dürfen.
Mir war dieser Besuch unbehaglich, doch ich ging gemeinsam mit den Männern in die Wohnung. Sie gaben an, ein Flugblatt in Auftrag geben zu wollen. Ich wurde stutzig und bat, mir Bescheid zu sagen. Sie wollten aber persönlich mit Rosa Luxemburg verhandeln und erkundigten sich nach ihrer Rückkehr, was mein Mißtrauen herabminderte; zu jener Zeit erkannte ich Polizeiphysiognomien noch nicht ohne weiteres [...]
Am Nachmittag kehrte Rosa Luxemburg, wie erwartet, heim. Der Vorwärtsredakteur Dr. Ernst Meyer[30] und der Kunsthistoriker Eduard Fuchs kamen mit in ihre Wohnung. Bei einer Tasse Kaffee erzählte ich von dem mysteriösen Besuch, der besonders Fuchs verdächtig erschien. An eine neuerliche Verhaftung Rosa Luxemburgs dachte indessen niemand.
Am nächsten Morgen erklang in aller Frühe die Türglocke. Ich

30 Ernst Meyer (1887–1930). 1916 wegen linker Opposition als Vorwärtsredakteur entlassen. Führend im Spartakusbund, dann in der KPD.

öffnete und die zwei Individuen vom Sonntag standen vor mir, zeigten ihre Erkennungsmarken und legitimierten sich als Kriminalbeamte.
Rosa Luxemburg lag noch zu Bett. Ich bestand darauf, daß die Beamten, die ins Schlafzimmer gehen wollten, im Nebenzimmer warteten. Um mit Rosa sprechen zu können, brachte ich ihr Wasser und half ihr beim Ankleiden.
Nach dem Frühstück legte ich die nötigsten Sachen in ein Köfferchen. Da es für Rosa Luxemburg zu schwer war, durfte ich mitkommen. Wir fuhren mit der Vorortbahn bis zum Potsdamer Platz. Hier hatten die Beamten, von denen einer besonders unangenehm war, genug von meiner Gesellschaft. Sie nahmen ein Taxi und entführten Rosa Luxemburg nach etwa 4½monatiger Freiheit wieder in das Frauengefängnis Barnimstraße. Da die Indizien nicht ausreichten, um Rosa Luxemburg einen Prozeß zu machen, wurde die »militärische Sicherheitshaft«[31] über sie verhängt.
Ich schrieb an Rosa am nächsten Tag:

»Meine liebe Rosa!
Ich hoffe und wünsche, daß es Ihnen erträglich gehen möge und doch weiß ich, daß das natürlich unmöglich ist und daß Sie sehr zu leiden haben werden. Sie werden gewiß erfahren haben, daß ich heute bei Ihnen gewesen bin. Man sagte mir, Sie hätten an mich geschrieben. Es ist aber bereits 10 Uhr abends und ich habe keinen Nachricht. Durch irgendein Versehen müssen Ihre Zeilen nicht in meine Hände gelangt sein. Ich weiß also nicht, was drin steht und kann Ihnen nichts darüber sagen. Ich habe dort mit vielen Beamten gesprochen, bei einem derselben habe 100 Mark für Sie eingezahlt. Der Herr wollte mit einem Restaurateur sprechen, daß derselbe Ihrer Diät entsprechend für Sie

31 Bis zum Schutzhaftgesetz vom 4. Dezember 1916.

kochen solle. Nachdem ich aber mit Ihrem Arzt heute Nachmittag gesprochen habe, sehe ich ein, daß das unmöglich ist. Der Restaurateur nimmt täglich 5 Mark 35 Pfg. Ich habe es mir berechnet, dafür kann in einem Haushalt genau so nach ärztlicher Vorschrift für Sie gekocht werden. Ich habe auch hierfür schon alles in die Wege geleitet, und Sie könnten durch einen Boten täglich zu einer bestimmten Zeit Essen bekommen. Ich soll morgen Sprecherlaubnis bekommen, da können Sie über alles bestimmen. Was Herr Dr. Gompert gesagt hat, all das sage ich Ihnen dann. Er will Sie natürlich behandeln, das müssen Sie aber beantragen.
Sämtliche Anwälte, die da glauben, in Betracht zu kommen, bemühen sich um Ihre Hand. Oskar *[Cohn]* lief ich gerade in die Arme, als ich zu Ihnen wollte. Durchaus meinte er, ohne ihn könne ich garnicht erst ins Präsidium gehen. Aber ich wehrte freundlich, aber entschieden ab. Hugo *[Haase]* glaubt sich auch unentbehrlich. Dann kam Theodor *[Liebknecht]*[32] und bat, für Sie tätig sein zu dürfen. Ich glaube, Sie werden ihn nehmen, denn so viel ich beurteilen kann, brauchen Sie für Anträge u. a. einen Anwalt. Dann müssen Sie mir die nötigen Instruktionen geben, ich werde Sie danach befragen. Wir können uns beide vorher Notizen machen, damit wir nichts vergessen. Alles werde ich natürlich unmöglich allein erledigen können, mit vielen Sachen wissen nur Sie Bescheid. Aber auch das besprechen wir ja. Alle Ihre Freunde erkundigen sich unausgesetzt nach Ihnen. Jeder möchte Ihnen dienen. Sonja hat mich heute zu Ihnen begleitet und geduldig auf der Straße gewartet. Für morgen bringe ich Ihnen jedenfalls vorschriftsmäßig gekochtes Essen mit. [...] Kurt[33] mußte natürlich von Ihnen

32 Alle drei linke sozialdemokratische Anwälte. Theodor Liebknecht älterer Bruder Karl Liebknechts.

33 Kurt Rosenfeld, Sozialdemokrat, dann USPD, 1918 preußischer Justizminister, seit 1920 Reichstagsabgeordneter.

hören und ich war lange Zeit mit ihm im Tiergarten. Franz *[Mehring]* und ich trösteten uns gegenseitig, ich war täglich bei ihm.
Ich sende diesen Brief ›Eilboten‹, damit Sie rechtzeitig überlegen, was Sie mit mir zu besprechen haben.
Leben Sie wohl, Sie wissen, was ich Ihnen zu sagen habe, ohne daß ich es schreibe. Ich bin froh, daß ich wenigstens Mimi habe, obgleich ich Sie Ihnen wohl gönnte. Auch das wissen Sie.
Wir umarmen Sie beide und ich bleibe Ihre Mathilde Jacob«

Die äußeren Bedingungen für Schutzhaftgefangene waren besser als für Strafgefangene. Man durfte Nahrungsmittel ins Gefängnis bringen, Blumen, Bücher und Gegenstände, die die Zelle wohnlicher gestalteten. Auch Briefe durften im mäßigen Umfange geschrieben und empfangen werden.
Meine Mutter übernahm es, nach ärztlicher Vorschrift für Rosa Luxemburg zu kochen. Wir schickten ihr täglich das Mittagessen und legten nach Möglichkeit etwas für die übrigen Mahlzeiten hinzu.
Ich hatte von der Kommandantur, der die Sicherheitsgefangenen unterstanden, generelle Erlaubnis bekommen, Rosa Luxemburg einmal in der Woche und zwar für eine Stunde zu besuchen. Diese Sprechstunde überwachte ein Kriminalbeamter, der aus dem Polizeipräsidium entsandt wurde.
Eines Tages wurde er durch den unangenehmen Beamten abgelöst, der sich schon bei der Verhaftung Rosa Luxemburgs so übel benommen hatte; er sollte fortan die Sprechstunde überwachen. Gleich beim ersten Mal bemühte er sich, sie uns zu verleiden. Unausgesetzt versuchte er, Rosa Luxemburg herauszufordern. Wir blieben äußerlich ruhig und besprachen während der uns zustehenden Stunde alles so gut wie möglich.
Da wir die Gegenwart dieses Überwachungsbeamten einfach

nicht beachteten, sagte er bei einer der nächsten Sprechstunden nach Verlauf von etwa 10 Minuten, die Sprechstunde sei beendet. »O nein«, sagte Rosa Luxemburg, »ich habe gerade Wichtiges zu besprechen. Ich führe das Gespräch zu Ende.« Das tat sie auch. Sie gab Punkt für Punkt ihre Wünsche an, die ich an Rechtsanwalt Dr. Weinberg übermitteln sollte, denn allen Herausgebern der Zeitschrift »Die Internationale« war der Prozeß gemacht worden.[34]
Der Beamte machte immer wieder unverschämte Bemerkungen, sodaß Rosa Luxemburg eine Tafel Schokolade[35] gegen ihn schleuderte und dabei aufgeregt rief, von einem dreckigen Spitzel könne man kein besseres Benehmen verlangen.
Der Auftritt hatte für Rosa Luxemburg recht schwerwiegende Folgen. Desselben Tages spät abends wurde sie aus dem Gefängnis in der Barnimstraße geholt und nach dem Polizeigefängnis am Alexanderplatz »strafversetzt«. Hier blieb sie etwa 4 Wochen in einer kleinen unsauberen Zelle, an der die Stadtbahn Tag und Nacht vorbeirollte.[36] Ein Hof für den üblichen Spaziergang der weiblichen Inhaftierten war nicht vorhanden. Ich mußte das Essen wieder mitnehmen, als ich es brachte und Selbstbeköstigung in einem bestimmten Restaurant bestellen, dessen Kost teuer, schlecht und für Rosa Luxemburg schädlich war. Alle Bemühungen, sie von diesen Mißständen zu befreien, scheiterten.

34 Im Frühling 1915 von R.L. und Franz Mehring in 9000 Exemplaren herausgegebene Zeitschrift, der Zensur nicht vorgelegt und unmittelbar nach Erscheinen verboten. Gegen Herausgeber, Mitarbeiter, Verleger und Drucker war Anklage wegen Hochverrats erhoben worden. Der sozialdemokratische Strafrechtler Dr. Siegfried Weinberg war R.L.s Anwalt in dieser Sache.
35 In der Luxemburg-Biographie Frölichs ein Buch, in der Nettls ein Tintenfaß; aber man muß Mathilde die Tafel Schokolade, die sie offenbar mitgebracht hatte, glauben.
36 R.L. beschreibt die Zelle in einem Brief an Mathilde Wurm: »[. . .] in der Spelunke am Alexanderplatz, wo ich in der 11 cbm großen Zelle, morgens und abends ohne Licht, eingeklemmt zwischen das C (aber ohne W) und die eiserne Pritsche [. . .]«.

Rosa Luxemburg schrieb Flugblätter und Artikel bei dem spärlichen Licht, das die matte obere Scheibe der Tür in die Zelle ließ – die Zelle selbst blieb unbeleuchtet. »Sehen Sie«, sagte Leo Jogiches, »das ist Rosa, es gibt keine Hindernisse für sie.«

Spartacus Nr. 1 vom 20. September 1916[37]
LIEBKNECHT

Das Unglaubliche ist also Ereignis geworden: die Regierung hat es gewagt, das Schandurteil gegen Liebknecht noch zu verschärfen und zum Zuchthaus auch noch die Aberkennung der Ehrenrechte, d.h. des Reichstags- und Landtagsmandats, hinzuzufügen. Die Rache ist süß, namentlich wenn sie so bequem ist, wenn der Gegner an Händen und Füßen gefesselt und das Duell in der Komödie einer »Gerichtsverhandlung« unter Ausschluß der Öffentlichkeit verkleidet ist. Denn es ist klar: das furchtbare Urteil ist nicht die »Strafe« allein für Liebknechts Beteiligung an der Maidemonstration, es ist Vergeltung für sein ganzes Auftreten im Reichs- und Landtag, wo er als einziger vor aller Welt der blutigen Farce des Burgfriedens die Maske vom Gesicht riß, Vergeltung auch für seine Haltung in der Arrestantenzelle und im Gerichtssaal, wo der Gefesselte seinen Schergen trotzte, sie moralisch züchtigte und zum revolutionären Glauben, zum internationalen Sozialismus fest und unerschütterlich stand wie eine Eiche.
Niemals hätten die Machthaber gewagt, ein solches Schandurteil zu fällen, wären sie nicht seit Ausbruch des Krieges gewöhnt, daß deutsche Sozialdemokraten kuschen. Weil sie die Sozialdemokratie seit zwei Jahren als Schutztruppe und Handlangerin der Regierung be-

37 Aus *»Spartakusbriefe«*, Berlin 1920/21. R.L. schrieb einen oder mehrere Beiträge für jede Nummer der ›Spartakusbriefe‹, des illegalen Organs des Spartakusbundes. In dieser Nr. 1 (der ersten gedruckt erscheinenden) stammte der erste Beitrag ›Der Rhodus‹ von ihr sowie der zweite, hier wiedergegebene ›Liebknecht‹. Da R.L. sich auf das verschärfte Urteil gegen Liebknecht vom 23. Juli 1916 bezieht und sie am 11. Juli wieder verhaftet worden war, muß der Aufsatz im Gefängnis, seinem Datum nach wahrscheinlich in der Zelle im Polizeipräsidium verfaßt worden sein.

trachteten, fielen sie mit schäumender Wut über denjenigen her, der aufrecht blieb.
Denn was tat Liebknecht? Er tat nur, was die Resolutionen der internationalen Kongresse, was das Programm, die Parteibeschlüsse, die Grundsätze, die Traditionen allen Sozialisten zur Pflicht machen. Wenn das, was er tat, »Landesverrat« ist, dann haben sich sämtliche deutsche Delegierte auf den Kongressen und Parteitagen, die für jene Resolution stimmten, die gesamte Partei, die sie nachträglich als für sich bindend anerkannte, der Vorbereitung, Anstiftung, Aufforderung zum Landesverrat strafbar gemacht. Und doch wagten die Staatsanwälte nicht im Traume daran zu denken, die Sozialdemokratie wegen ihrer Beschlüsse zu behelligen. Bis zum 4. August 1914 galt es für Freund und Feind als selbstverständlich, daß die Sozialdemokratie sich mit allen Kräften dem Kriege widersetzen, sich seiner Fortsetzung unerbittlich entgegenstemmen werde. Heute wird Liebknecht für die Erfüllung dieser selbstverständlichen Pflicht ins Zuchthaus gesteckt. Weshalb? Einzig und allein, weil die offizielle Sozialdemokratie den revolutionären Klassenkampf preisgegeben, weil sie sich aus einer Partei des internationalen proletarischen Klassenkampfes in eine Regierungspartei, in einen Fußschemel der imperialistischen Klassenherrschaft verwandelt hat.
Liebknechts Zuchthausurteil ist also ein Kainszeichen auf der Stirn der offiziellen deutschen Sozialdemokratie, ein Siegel ihres Verrats an den Pflichten des internationalen Sozialismus und den historischen Aufgaben des Proletariats [. . .]
Der Sozialismus hat sich beim Ausbruch des Weltkrieges als Faktor der Geschichte ausgeschaltet. Der Krieg brachte deshalb eine ungeheure Stärkung der kapitalistischen Klassenherrschaft, der politischen und sozialen Reaktion und des Militarismus mit sich. Was nach dem Kriege sein wird, welche Rolle und welche Zustände die Arbeiterklasse erwarten, das hängt ganz davon ab, in welcher Weise der Friede zustandekommt. Erfolgt er bloß aus schließlicher allseitiger Erschöpfung der Militärmächte oder gar – was das Schlimmste wäre – durch den militärischen Sieg einer der kämpfenden Parteien, erfolgt er mit einem Wort ohne Zutun des Proletariats, bei völliger Ruhe im Innern des Staates, dann bedeutet ein solcher Friede nur die Besiegelung der weltge-

schichtlichen Niederlage des Sozialismus im Kriege. Der radikalsten Parteitags- und Kongreßresolutionen können nachträglich nicht ersetzen, was an Taten und Handlungen zur rechten Stunde gefehlt hat. Dann bleibt der Imperialismus auch nach dem Kriege unbeschränkter Herr der Situation, und die Sozialdemokratie zählt im Frieden wie im Kriege als Machtfaktor des gesellschaftlichen Lebens nicht mehr mit.

Nach dem Bankrott des 4. August 1914 ist also jetzt die zweite entscheidende Probe für den historischen Beruf der Arbeiterklasse: ob sie verstehen wird, den Krieg, dessen Ausbruch sie nicht verhindert hat, zu beenden, den Frieden nicht aus den Händen der imperialistischen Bourgeoisie als Werk der Kabinettdiplomatie zu empfangen, sondern ihn der Bourgeoisie aufzuzwingen, ihn zu erkämpfen.

Aber [. . .] um Frieden kämpfen heißt nicht, untertänige Bittschriften an die Regierung zu unterzeichnen. Um Frieden kämpfen heißt auch nicht, in polizeilich genehmigten Versammlungen Beifall klatschen und für Friedensresolutionen Hände hochheben, um am andern Tage ruhig weiter Munition für den Krieg mit eignen Händen zu bereiten, das »Durchhalten« zu ermöglichen und mit hungerndem Magen die Militärdiktatur geduldig zu ertragen.

Um Frieden kämpfen heißt, alle Machtmittel der Arbeiterklasse rücksichtslos gebrauchen, um im Lande wie draußen im Felde die Fortführung des Völkermords unmöglich zu machen, heißt, wie Liebknecht, vor keinem Opfer und keiner Gefahr zurückzuschrecken, um den Burgfrieden zu sprengen und der Säbeldiktatur in den Arm zu fallen.

Nur wenn ein solcher entschlossener Massenkampf dem Kriege ein Ende macht, kann der Frieden zu einem neuen mächtigen Aufschwung des Sozialismus und zur Wiedergeburt der Internationale als lebendiger Macht führen.

Und nur derselbe entschlossene Massenkampf um den Frieden kann Liebknecht aus seiner Zelle befreien.

[. . .] Liebknecht kann aus seinem Zuchthaus nur durch die Masse des deutschen Proletariats befreit werden, wenn sie ihre Pflicht, ihre Ehre und damit die wahre Macht wiedergefunden hat.

Liebknechts Schergen wissen wohl, mit welcher Liebe Hunderttausende im Lande wie im Schützengraben an ihm hängen. Gerade diesen

Arbeitern und Soldaten wollte die Militärdiktatur zeigen: »Wir achten eures Schmerzes und eurer Wut nicht, auch können wir euch alles bieten, ihr werdet doch nichts für Liebknechts Befreiung wagen, ihr seid und bleibt Kanonenfutter!« Jetzt ist es an den Proletariern im Arbeitskittel und im Soldatenrock, die Antwort zu geben.
Liebknecht rief, als man ihm im Oberkriegsgericht am 23. Juli das verschärfte Urteil verkündete, mit stolz erhobenem Haupte: »Und doch wiederhole ich: Nieder mit dem Krieg! Nieder mit der Regierung!«
Liebknechts Ketten werden fallen, wenn die deutsche Sozialdemokratie das Kainszeichen des Verrats am internationalen Sozialismus von ihrer Stirne wegwischen wird, wenn Millionen Frauen und Männer, im Lande wie im Schützengraben, den Mut finden, ebenso furchtlos wie Liebknecht den Ruf zu erheben:

Nieder mit dem Krieg!
Nieder mit der Regierung!

Festung Wronke

Aus Mathilde Jacobs Bericht:

Als ich eines Tages Wäsche und Bücher ins Polizeigefängnis brachte, wurde ich in das Zimmer des Direktors geführt. Selbst recht erschrocken teilte er mir mit, Rosa Luxemburg sei ganz in der Frühe plötzlich in die Festung Wronke überführt worden. Er könne allerdings nicht genau sagen, ob der Name des Ortes stimme.
Ich vergewisserte mich, daß es eine kleine Stadt dieses Namens gab und stellte fest, daß sie in der Provinz Posen lag. Jetzt eilte ich zur Kommandantur, zum Oberkommando, aber nirgends wollte man Bescheid wissen. Ich sollte mich nur gedulden, Frau Dr. Luxemburg würde sicher schreiben und ihre Wünsche äußern. Alle Briefe Rosa Luxemburgs gingen über die Kommandantur, sodaß wir frühestens in acht bis zehn Tagen Nachricht von ihr haben konnten. Und sie hatte weder genügend Kleidung und Wäsche noch Geld.
Endlich schrieb sie am 31. Oktober 1916:

Auf dem Kuvert: Kriegsgefangenenbrief

Donnerstag

Meine liebe Mathilde!
Ich bin in der Festung Wronke untergebracht. Es stellt sich aber plötzlich heraus, daß ich ganz blank ohne Geld bin (die Reise nebst zwei Begleitern ging nämlich auf meine Kosten und hat ca. 40 M. ausgemacht). Hier soll meine Verpflegung täglich 4,20 M. kosten, wozu noch kleine Besorgungen kommen.

Überweisen Sie, bitte, gleich Geld her. Schicken Sie mir auch baldigst meine Wäsche (alles, was Sie haben) und auch alle Bücher von der Barnimstraße (inkl. Meyer), ich muß endlich mal wieder ordentlich arbeiten können. Auf *Saccharin* warte ich mit Sehnsucht, denn ich kann ja hier ohne Attest nichts kriegen. Bitte auch außer Sammetschuhen die Schuhe, die in meinem Nachttisch unten stehen. Herzliche Grüße Ihre R.L.
Bitte auch um meine Blumenvase und Seife.[1]

Leo Jogiches hatte die rettende Idee. »Reisen Sie nach, Mathilde, und bringen Sie Rosa das Nötigste. Sie wird sich freuen, wenn Sie nach ihr Umschau halten; sie wird es sogar erwarten.«
In der Tat verhielt es sich so. Rosa Luxemburg selbst sagte später zu mir: »Ich hatte gehofft, jemand von euch würde gleich nach Wronke kommen, um sich nach mir umzusehen.«
Ich ging in die Barnimstraße, um alle dort zurückgebliebenen Sachen versandbereit zu machen. Stück für Stück unterzog ich einer genauen Prüfung. Dabei entdeckte ich einen politischen Situationsbericht, den mir Leo Jogiches diktiert und den ich Rosa Luxemburg zugeschmuggelt hatte. Ängstlich überflog ich die Seiten [...] Ich war glücklich, daß der Vorsteherin dieses schwer belastende Schriftstück entgangen war. »Um eine einwandfreie Kontrolle zu gewährleisten, habe ich sämtliche Sachen persönlich durchgesehen«, hatte sie mir bei der Übergabe gesagt. Die Kontrolle meinerseits hat ihr und mir viel Kummer erspart.

1 Am 7.11. und 13.11. kommen noch einmal Briefe mit Listen, was geschickt werden solle: Kostüme, Kleider, Leibwäsche, Bettwäsche etc. Kunstmappen (Michelangelo, Turner, Feuerbach). – Bücher: alle aus der Barnimstraße (außer Homer und Grillparzer). Dazu der XVIII Brumaire, Klassenkämpfe in Frankreich, Das Kommunistische Manifest, Geschichte der deutschen Sozialdemokratie, Nachlaß von Marx und Engels, Lassalle, Geschichte des Materialismus, Geologie Deutschlands, Macauly: Lord Clive, Französische Bibel, Kipling: Second Jungle Book etc.

Nachdem Rosa Luxemburgs Sachen abgesandt waren und mir das Oberkommando in Posen die Erlaubnis erteilt hatte, die Gefangene zu besuchen, fuhr ich Mitte November 1916 nach Wronke.

Bei meiner Ankunft begab ich mich vom Bahnhof sogleich ins Gefängnis. Dessen Oberleitung lag dem Staatsanwalt Dr. Dossmar ob, der während des Krieges das Amt des Gefängnisdirektors mitübernommen hatte. Er war ein humaner und vielseitig unterrichteter Mann, der für das Wohlergehen der Gefangenen zu sorgen bemüht war.

Seine Assistentin, die dem Frauengefängnis vorstand, war Frau Else Schrick. Sie fand sogleich, daß ihr in Rosa Luxemburg ein außergewöhnlicher Mensch begegnet war, bewunderte, mit welchem Gleichmut diese ihr Schicksal ertrug und wie sie stets bemüht war, ihrer Umgebung Aufmerksamkeit und Interesse zuzuwenden.

Meiner ersten Sprechstunde wohnte außer Frau Oberin Schrick auch Dr. Dossmar bei. Man hatte ihn holen lassen, als ich im Gefängnis eintraf. Dieses erste Wiedersehen mit Rosa Luxemburg fand in dem üblichen Sprechzimmer statt, einem schmalen, weißgetünchten Raum, dessen Hintergrund, etwa 2m im Quadrat, durch eine dicke Zementbarriere abgetrennt war. Dorthin wurden die Gefangenen geführt, wenn sie angemeldeten Besuch bekamen; anderer kam nicht in Frage. Die Barriere trennte die Besucher von den Gefangenen.

Wir umarmten uns über die Barriere hinweg so gut es ging. Ausgehungert nach Nachrichten flüsterte mir Rosa zu: »Bringen Sie nichts von Leo?« Ich drückte ihr einen Kassiber in die Hand, dazu den Augenblick benutzend, in dem die Oberin und der Staatsanwalt sich in Komplimenten ergingen, wer den Vortritt in den Sprechstundenraum haben sollte. Dann besprachen wir das Nötigste, jeder nach vorher gemachten Notizen, da man ohne Aufnotierungen das Wichtigste zu vergessen in Gefahr

war. Nachdem wir uns über alles, was ich erledigen sollte, verständigt hatten, war dieser erste Besuch beendet [. . .]
Ich beschloß, etwa eine Woche in Wronke zu bleiben und die mir bewilligten drei oder vier Besuche nicht hintereinander, sondern stets ein, zwei Tage auslassend zu machen, damit Rosa Luxemburg längere Zeit Abwechslung durch meinen Aufenthalt hatte. Nachrichten, die dem scharfen Auge des Staatsanwalts entgingen, wußten wir uns in gewohnter Übung, auch ohne daß wir uns sahen, zukommen zu lassen. Um Rosa Luxemburg eine Freude zu bereiten, gab ich im Laufe des Tages Blumen oder andere Kleinigkeiten für sie ab.[2] An den Ufern der Warthe fand ich eine Menge Ligustersträucher, die zu jener Zeit ihre schwarzen Beerenfrüchte trugen. Einige Zweige hiervon und von Tannen und Kiefern des Waldes machten der Gefangenen besondere Freude.
Wronke ist schön gelegen, aber wohin ich meine Schritte lenkte, sah ich stets das riesengroße, in grellroten Ziegelsteinen erbaute Gefängnis. Unmittelbar neben diesem Kolossalgebäude, aber noch innerhalb der Gefängnismauern stand ein winziges Häuschen, das von der preußischen Regierung als Festung für weibliche politisch Inhaftierte vorgesehen war. Es bestand nur aus einem Parterregeschoß, das sich aus einem Schlafzimmerchen und einem etwas größeren Wohnraum zusammensetzte; beide Zimmer waren durch eine Tür verbunden. Ein Korridor führte in ein Gärtchen. Die Räume waren wohnlich eingerichtet, das Gärtchen nur für die Festungsgefangene bestimmt. Die Benutzung desselben mußte aber vorläufig unterbleiben, denn nur drei Seiten des Gärtchens waren von einer nicht allzu hohen Mauer umgeben, hoch genug indes, um eine Flucht unmöglich zu machen; die vierte Seite des Gärtchens lag offen dem Hof zu. Sie sollte mit einem Zaun versehen werden, ehe

2 In denen offenbar nicht selten Nachrichten versteckt waren.

der vorsichtige Staatsanwalt die Benutzung freigab. Er versprach, nach den nötigen Materialien Umschau zu halten und in wenigen Wochen waren sie, trotz der Schwierigkeiten der damaligen Kriegszeit, auf Staatskosten beschafft; von der Zeit an konnte Rosa Luxemburg nach Belieben vom frühen Morgen bis gegen sechs Uhr nachmittags sich in dem Gärtchen ergehen. Dann war der Tag im Gefängnis zu Ende. Die Beamten, die tagsüber den Dienst versehen hatten, wurden durch andere, den Nachtdienst leistende, abgelöst.

Rosa Luxemburg behauptete, sich in dieser neuen Umgebung wohl zu fühlen. Sie hatte mit Spatzen, Buchfinken, Meisen, Amseln, Staren usw. Freundschaft geschlossen. Die Vögel bekamen Futter, ganz ihrem Geschmack entsprechend: die kleinen Meisen Fett- und Speckstückchen, auch Nüsse, die zu jener Zeit knapp und teuer waren, sodaß ich nicht allzuviel beschaffen konnte. Starenkästen ließ sie von Klara Zetkin senden, kurz, sie tat alles, den Tierchen Liebes zu erweisen, wie es ihre Art war. Strahlend erzählte sie dem Staatsanwalt von den vielen Besuchern, die ohne seine Erlaubnis zu ihr kämen.

Die Oberin des Gefängnisses besaß Takt und Herzensbildung. Als ich die von Rosa Luxemburg am ersten Tage erbetenen Blumen am Spätnachmittag für sie abgeben wollte, sagte die Oberin zu mir: »Möchten Sie diese Blumen Frau Luxemburg nicht selbst auf den Tisch stellen?« Auf soviel Freundlichkeit war ich nicht vorbereitet; ich nahm das Anerbieten dankbar an. Als ich zum erstenmal in Wronke in ihr Wohnzimmer trat, klatschte Rosa in die Hände und eilte mir entgegen.

Diese Besuche hatten einen erhöhten Reiz für mich. Sogar der Staatsanwalt ließ sich von der Freude anstecken, mit der ich von diesen Zimmern sprach, und er hielt später die Sprechstunde manchmal dort ab. Auch in dem Gärtchen gingen wir mit ihm an warmen Tagen, wobei Rosa nie versäumte, uns einen Strauß selbstgezogener Blumen zu pflücken.

Die Oberin bat den Staatsanwalt um die Erlaubnis, einige ihrer freien Abendstunden bei Rosa Luxemburg verbringen zu dürfen. Es wurde ihr gestattet, unterhielt der Staatsanwalt sich doch selbst gern mit seiner Gefangenen. Man nahm sich gegenseitig vor, auch in späteren Zeiten Fühlung zu behalten; der Staatsanwalt wie die Oberin wollten Rosa Luxemburg aufsuchen, sobald sie sich wieder in Freiheit befände [...]

9.12.1916

Meine liebe Mathilde!
Vielen Dank für den Brief vom 4. Ich freue mich schon sehr auf Sonja. Nur schade, wenn sie gerade Sonntag ankäme: ich störe doch nicht gern fremde Sonntagsruhe hier und fühlte mich dann befangen. Das Manuskript Korolenkos[3] ist schon vor bald zwei Wochen an die Kommandantur für Sie abgegangen; fragen Sie also nach [...] Ich verehre Ihnen sehr gern das Manuskript, wenn Ihnen das Zeug einige Freude macht, aber erst lassen wir's dem Herrn Cassirer eine Weile, nicht wahr? [...] Ob ich Sie hier zu Weihnachten oder Sylvester habe, ist für *mich* die gleiche Freude, *Sie* aber möchte ich nicht gern am Sylvester allein im Hotelzimmer sitzen lassen! Freilich auch zum Heiligen Abend wird das traurig sein. Bestimmen Sie es, wie es *Ihnen* paßt, ich freue mich auf alle Fälle. Ich umarme Sie und Mimi vielmals und grüße alle herzlich Ihre R.L.

Von Paul habe ich eine Karte gekriegt.

3 Wladimir Korolenko: *Die Geschichte meines Zeitgenossen,* die R.L. aus dem Russischen ins Deutsche übersetzte, um etwas Geld zu haben, wenn sie entlassen würde. Das Buch erschien 1919 im Verlag Paul Cassirer (nachdem der sozialdemokratische Dietz Verlag es abgelehnt hatte); das Honorar von 2000 Mark wurde Mitte Januar vom Verlag überwiesen, R.L. hat es nicht mehr bekommen. Sie sagt über das Buch in einem Brief an Luise Kautsky: »[...] ein ausgezeichnetes Kunstwerk, zugleich ein kulturhistorisches Dokument ersten Ranges; umfaßt die Zeit der liberalen Reformen Alexanders II., den polnischen Aufstand, die ersten revolutionären Regungen in Rußland und spiegelt so den Übergang vom alten leibeigenen Rußland zum heutigen kapitalistischen [...]«.

20.12.1916

Liebste Mathilde!
Paket erhalten pünktlich zum Fest, die Blumen waren *vollkommen* frisch [. . .] Ich warte nun gespannt auf die ›Madonna in der Landschaft mit vielem Getier‹ (schon der Name macht mich glücklich). Ich bat die Frankfurter Rede[4] hierher zu schicken, bringen Sie ein Exemplar mit. – Was Ihre beabsichtigte Änderung im bleu Kleid betrifft, so verbiete ich's! Beim Barte des Propheten und bei meinem Zorn: die Fasson soll so bleiben, wie sie war, »sonst freut mich die ganze Leich nicht!« Und nun Prosit Neujahr euch allen und auf baldiges Wiedersehen! Ich umarme Sie und Mimi

Ihre R.

Weihnachten 1916

Meine liebste Mathilde!
Wie soll ich Ihnen danken für das herrliche Geschenk! Ich bin ganz beglückt, das leuchtet ja im Zimmer und gibt ihm ein ganz festliches Aussehen. Die arme Gefangene, die bei mir aufräumt, hat heute gesagt: »Wenn man das sieht, lacht einem das Herz im Leibe.« Und das ist die genaue Wahrheit. Mir lacht wirklich das Herz, wenn ich diese Pracht anschaue. Aber ich bin natürlich erdrückt von diesem wahnwitzigen Luxus, den Sie mit mir treiben. Das ist einfach unerhört.
Ich freue mich schon so auf Ihr Kommen! Ich habe gar keine Geduld, Ihnen zu schreiben, ich will mit Ihnen *reden* [. . .]
Ich muß schließen und umarme Sie und unsere Tochter tausendmal. Leider *ging das hier nicht*, daß wir uns zum Fest sehen. Aber ich mache mir eben das Fest, wenn Sie hier sind. Nochmals Kuß

Ihre R.

4 ›Militarismus, Krieg und Arbeiterklasse‹, R.L.s Rede vor der Frankfurter Strafkammer.

29.12.1916

Liebste Mathilde!
Ich wollte Ihnen eigentlich schon zu Sylvester ein paar kleine Zeichnungen von mir schicken, konnte sie aber wider Erwarten nicht zustande bringen, vielleicht kann ich sie Ihnen geben, wenn Sie hier sind [...] Kuß Ihnen und Mimi R.

Aus Mathilde Jacobs Bericht:

Ich erschrak, als ich bei meinem Besuch im Januar 1917 Frau Oberin Schick nicht mehr antraf. Sie hatte sich nach Metz, ihrer Heimatstadt, zum Kriegsdienst beurlauben lassen. Die Oberin hat Rosa Luxemburg dort nicht vergessen. Sie schrieb öfter einige Zeilen an mich, um sich nach dem Ergehen ihrer früheren Gefangenen zu erkundigen. Sie bat, dieser ihre Grüße zu übermitteln, da sie bei der lästigen Gefängniszensur nicht schreiben könne, wie ihr ums Herz wäre.[5]
Nach dem Fortgang von Frau Schrick aus Wronke war nicht sogleich Ersatz für sie da. Bei meinem nächsten Dortsein hielt daher der Staatsanwalt die Sprechstunde ab, wobei er uns zu Gefallen tat, was irgend in seiner Macht lag. Gelegentlich versuchte er sogar, die Gesetze unseren Wünschen anzupassen; aber nur wenn ihm das gelang, gestattete er Kleinigkeiten, die eigentlich nicht erlaubt waren. [...]
Die unzensierten Nachrichten hinüber und herüber gingen also

5 Einer dieser Briefe lautet: »[...] Ich habe Frau Luxemburg nicht vergessen und werde es nie tun. Das Starke, das von ihrer Persönlichkeit ausgeht, weckte immer den Wunsch in mir, mich auch in glücklichen Tagen einmal mit ihr zu unterhalten. Ich habe sie immer bewundert [...] und einen so ganz anderen Menschen in ihr kennengelernt, als ich erwartet hatte. Wie gern möchte man ihr eine baldige glückliche Wendung ihres Schicksals wünschen, aber es scheint fast, daß diese Stunde nicht früher schlagen wird als die Schicksalsstunde für uns alle [...].«

weiter. Allerdings machte der Staatsanwalt uns das nicht leicht. Wir mußten all unseren Witz anstrengen, um keinen Reinfall zu erleben. Als ich einmal Rosa Luxemburgs Hand streichelte und mich dicht neben sie setzte, sagte der Staatsanwalt: »Bitte, versprechen Sie mir, sich nichts zuzustecken.«
»Gewiß«, sagten wir wie aus einem Munde, »das versprechen wir.«
»Aber wie verständigen Sie sich eigentlich? Daß Sie es tun, ist mir längst klar.«
»Das, Herr Staatsanwalt, bleibt unser Geheimnis«, sagte lachend Rosa Luxemburg.
Wenn wir auch lachten, unsere Nerven wurden in Wronke auf eine harte Probe gestellt. Erschien dem Staatsanwalt eine Sendung verdächtig, und fast jede schien ihm verdächtig, so ließ er sie über die Posener Kommandantur gehen. Dann blieben die Mitteilungen an mich oft lange aus und demzufolge meine Empfangsbestätigung an Rosa, sodaß wir angsterfüllte Tage und Nächte durchlebten.

7. Februar 1917

Meine liebe Mathilde!
Ich habe solche Gewissensbisse: Martha war heute hier und ich war gerade in scheußlicher Stimmung. Aber ich will mich für das nächste Mal zusammennehmen. Davon, daß Sie meinen Geburtstag an Luise abtreten wollen, kann gar keine Rede sein. Ich bestehe auf meinem Schein. Ich freue mich doch schon seit zwei Wochen auf diesen Ihren Besuch und bis jetzt habe ich Sie noch stets am Geburtstag gehabt und nun wollen Sie auf meine Kosten die Großmütige spielen! An Luise schreibe ich eben, daß ich sie zum Mai einlade, bitte, überlassen Sie mir doch, wer und wann zu mir kommen soll.
Heute bekam ich das Urteil wegen Beleidigung des Kriminal-

beamten: 10 Tage Gefängnis und Kosten. Veranlassen Sie beim Bureau Dr. Weinberg die nötigen Schritte. [. . .] In der Begründung steht nichts mehr, als die Konstatierung der Tatsachen, die ich zugegeben habe.
Um meinen schlimmen Finger regen Sie sich auch schon auf? Es ist nichts damit: ich schloß nur energisch die Schublade in der Kommode, vergaß aber meinen kleinen Finger drin, darauf kam er zerquetscht heraus, was mir ganz recht geschah.
O Mathilde, wann werde ich wieder mit Ihnen und Mimi in Südende sitzen und Euch beiden wieder Goethe vorlesen? Doch, ich will Ihnen gleich heute ein Gedicht aus dem Kopf vortragen, heute Nacht fiel es mir wieder – weiß Gott weshalb – ein. Es ist eins von Conrad Ferdinand Meyer, dem lieben Schweizer, der auch den Jürg Jenatsch geschrieben hat. Setzen Sie sich nun, nehmen Sie Mimi auf den Schoß, und machen Sie das liebe andächtige Schafsgesicht, das Sie zu machen pflegen, wenn ich Ihnen etwas vorlese. Also Silentium:

Huttens Beichte.[6]

Hier schreit ich über meinem Grabe nun
Hei Hutten, willst du deine Beichte tun?
's ist Christenbrauch. Ich schlage mir die Brust
Wer ist ein Mensch und ist nicht schuldbewußt?
Mich reut mein allzu spät erkanntes Amt,
Mich reut, daß mir zu schwach das Herz geflammt,
Mich reut, daß ich in meine Fehden trat
Mit schärferen Streichen nicht und kühnerer Tat.
Mich reut, daß ich nur einmal bin gebannt,
Mich reut, daß oft ich Menschenfurcht gekannt.
Mich reut der Tag, der keine Wunde schlug,

6 Aus Conrad Ferdinand Meyer: ›Huttens letzte Tage‹; da von R.L. aus dem Gedächtnis zitiert, nicht ganz mit dem Original übereinstimmend.

Mich reut die Stunde, die nicht Harnisch trug,
Mich reut, ich beicht' es mit zerknirschtem Sinn,
daß ich nicht dreifach kühn gewesen bin.

Diesen Schluß werden Sie mir aufs Grab setzen... Haben Sie das ernst genommen, Mathilde? Ei, lachen Sie darüber. Auf meinem Grab wie in meinem Leben wird es keine großspurigen Phrasen geben. Auf meiner Grabestafel dürfen nur zwei Silben stehen: *»Zwi-zwi«*. Das ist nämlich der Ruf der Kohlmeisen, den ich so gut nachmache, daß sie sofort herlaufen. Und denken Sie, in diesem Zwi-zwi, das sonst ganz klar und dünn, wie eine Stahlnadel auffunkelte, gibt es seit einigen Tagen einen ganz kleinen Triller, einen winzigen Brustton. Und wissen Sie, Fräulein Jacob, was das bedeutet? Das ist die erste leise Regung des kommenden Frühlings – trotz Schnee und Frost und Einsamkeit glauben wir – die Kohlmeisen und ich – an den kommenden Frühling! Und wenn ich den vor Ungeduld nicht erleben sollte, dann vergessen Sie nicht, daß auf meiner Grabestafel *nichts* stehen darf außer »Zwi-zwi...«
Ich umarme Sie und Mimi in schrecklicher Sehnsucht Ihre R.

20. Februar 1917

Meine liebste Mathilde!
Ich habe mich so gefreut, endlich wieder einen Brief von Ihnen zu kriegen, und auch auf das Paket freue ich mich kindisch, – nicht nur wegen des Inhalts, sondern weil es wieder etwas »von zu Hause« ist, liebevoll eingepackt und voller Wärme von Ihnen und Mimi.
Ist der Bebel-Hut dabei? Wenn nicht, *bitte darum* umgehend im Extrapaket.
Tausend Küsse Ihnen und Mimi Ihre R.

17. März 1917

Meine liebe Mathilde!
Heute erhielt ich die Vorladung zur Hauptverhandlung am 12. IV. Ich gab aus Versehen und Gedankenlosigkeit an, daß ich mich in diesem Termin durch Dr. Weinberg vertreten lassen wolle (während ich doch gar keinen Verteidiger wollte!). Nun bleibt nichts anderes übrig, als es dabei zu belassen. Teilen Sie also, bitte, dem Vertreter Weinbergs mit, er solle sich zum Termin einfinden, aber um Gotteswillen so wenig wie möglich reden, damit er möglichst wenig Dummheiten sagt. Ich gestatte ihm nur 5 Minuten Redezeit, – das genügt vollkommen. Ferner soll er sogleich in meinem Namen »Entbindung« von meinem Erscheinen in der Hauptverhandlung beantragen. Sie als Zeugin beherzigen am besten gleichfalls die Regel: Reden ist Silber, aber Schweigen ist Gold. – Ich freute mich sehr über Ihre gestrige Karte. Auch mich hat Ihr Besuch sehr erfrischt. Über Mimi's Besuch werden wir erst verhandeln, wenn es ganz warm und grün wird. Mit dem Lesen kam ich leider nicht so recht vorwärts, wie ich sollte, hoffe aber bald etwas zurücksenden zu können. Mit dem Arzt ist alles in Ordnung, ich gehe zu ihm nächste Woche hin. Ihre Azalee blüht aus Leibeskräften und sieht wunderbar aus. Desgleichen gedeihen die Tulpen, Veilchen und Hyazinthen. Ich auch. Viele Küsse an Sie und Mimi. Herzliche Grüße Ihrer Mutter und Fräulein Gretchen! Ihre R.

23. 3. 1917

M. I. M.!
Gestern war ich in Posen beim Arzt. Er war vom Befund nicht begeistert und meinte, ich müßte mich bei ihm öfters melden, da das Regime offenbar alle 3–4 Wochen geändert werden müsse. Diese Perspektive lächelt mir herzlich wenig, denn ich habe mir schon von dem einen Mal eine tüchtige Migräne heimge-

bracht. Außerdem bezweifle ich, ob das Oberkommando einwilligen wird. [. . .] Ich hoffe, daß mir der Frühling Besserung bringt, und dann ist es doch immerhin möglich, daß ich Ende April freikomme.[7] [. . .] Schreiben Sie jetzt einen ordentlichen Brief wieder einmal, ich kann's brauchen. Ich umarme Sie und Mimi in großer Sehnsucht Ihre R.

27. 3. 1917

Meine liebe Mathilde,
soeben habe ich endlich Ihren Brief erhalten. Ich war schon so unruhig, daß ich telephonieren wollte, leider *darf* ich's aber nicht. Mir wäre natürlich am liebsten, Sie sobald wie möglich zu sehen, wenn es aber so in Hetze gehen soll, dann warte ich bis zum 5., aber nicht länger! [. . .] Mir wäre auf alle Fälle lieb, Sie bleiben hier zwischen der 1. und 2. Sprechstunde mehrere Tage, es tut mir so wohl, Sie hier in meiner Nähe zu wissen. (Bei *zwei* Sprechstunden bleibt es nämlich, so wie uns gesagt worden!) [. . .] Paul schickt mir jetzt die Times aus Bern, senden Sie ihm einen Dank und Gruß von mir. – Süßigkeiten esse ich nach wie vor nicht; in der Diät ist nichts geändert worden, nur eine andere Medizin habe ich gekriegt. [. . .] Ich habe in diesen Tagen unaussprechliche Sehnsucht nach Ihnen und Mimi. Schreiben Sie wenigstens öfters eine Karte. [. . .]
Ich umarme Sie und Mimi Ihre R.

Pfempfert hat mir aber gar keine Bücher geschickt! Bringen Sie welche mit!

7 R.L. hielt also tatsächlich für möglich, daß man sie während des Krieges freilassen würde.

3. April 1917

Liebste Mathilde!

Der Zweck dieses Eilbriefes ist, Ihnen meine *dringende Bitte* ans Herz zu legen, mir *kein* Paket mit Kuchen, Seife und Tee zu schicken, sondern alle diese Sachen Ihrer Cousine[8] zu verehren. [. . .] Ich bitte, respektieren Sie diesen Wunsch.

Dann noch folgendes. Der unerwartete Besuch Marthas mit dem fatalen Verzicht Ihrerseits hat alle meine Pläne umgeschmissen. Jetzt ist es plötzlich ganz warm geworden und ich habe förmlich nichts anzuziehen. Ich kann mich doch selbst nicht rühren und auf meinen Antrag auf Urlaub bekam ich die Antwort, daß ja Fräulein Jacob alles für mich erledigen könne.

[. . .]

Ich umarme Sie vielmals und grüße herzlichst Ihr Mütterchen und Fräulein Gretchen.

Ihre R.L.

Geben Sie nur ruhig dem Kestenberg das Manuskript, soweit Sie's von Dr. Mehring zurückhaben.

17. April 1917

Meine liebste Mathilde!

Ihr Paket erhielt ich heute um 4 Uhr und Ihren Brief um 6. Ich habe mich so gefreut über alles! Haben Sie vielen, vielen Dank. Die Blümchen haben sich schon im Wasser erholt. Die Flicken reichen grade wie gemessen aus, ich will den Schaden gleich morgen kunstreich ausbessern. Für Karl hätte ich natürlich gern alle meine Kuchen hergegeben! Auf den Braunschweiger Volksfr. verzichte ich jetzt »unter sotanen Umständen«. Die Gedichte von Däubler haben mich sehr amüsiert, das ist eben »Kubistische Poesie«. [. . .] Ich habe doch noch eine Maus!

8 Wahrscheinlich Jogiches.

Heute früh um 5 beobachtete ich, wie sie ruhig in meinem Schlafzimmer aus meinem Vorratsschüsselchen naschte. Aber das ist eine Hausmaus, und die verstorbene war eine Zwergmaus aus dem Felde. Ich zehre immer noch von Ihrem Besuch und erwärme mich daran. Innigste Grüße Ihre R.

Schreiben Sie oft! Das tut so wohl.

19. April 1917

Meine liebste Mathilde!
[. . .] Das »Kleine Welttheater«, um das Sie baten, konnte ich merkwürdigerweise gar nicht finden, ich habe es wohl schon Martha geschenkt. Aber der olle Hippokrates mit seiner »trokkenen und feuchten Lebensweise«, den ich noch gestern zum Schlaf las, wird Sie sicher mehr amüsieren; ich habe wenigstens lachen müssen an mehreren Stellen. – Ich bin Ihnen so dankbar, daß Sie mir häufig ein Lebenszeichen geben! Das hält mich warm und fröhlich. Ich fühle mich ganz wohl, seien Sie nur ruhig. [. . .] Von den Vögeln haben sich heute als außerordentliche Gäste drei Rotschwänzchen und ein Zeisig vor dem Fenster gemeldet. Auch die Nachtigall hält seit Ostern trotz Kälte und Graupen brav aus. Ich habe sie erst gestern wieder in meinem Gärtlein gehört, allerdings ganz kurz [. . .] Von Sonja kriegte ich einen Kartengruß, der wie ein Schrei einer wunden Seele klingt. Es ist schrecklich, wie sie ständig deprimiert ist; sie müßte unbedingt jemand bei sich haben. Ich will ihr jedenfalls häufig schreiben, um sie ein bißchen aufzumuntern [. . .] Ihre Azalee ist unerhört: sie blüht immer weiter und noch keine Blüte ist welk! Der Goldlack hat sich voll entfaltet, er ist von prächtiger goldbrauner Farbe. Ihre Maiglöckchen und Vergißmeinnicht stehen im Wasser und sind ganz frisch.
Ich umarme Sie und Mimi tausendmal Ihre R.

23. April 1917

Meine liebste Mathilde!

Eben erhielt ich Ihren Brief von gestern und beeile mich gehorsam, Ihre Wünsche zu erfüllen. Die Berufung nach Leipzig in der Polizeibeamtensache geht gleichzeitig ab, mit der Heranziehung des Dr. Drucker[9] bin ich schließlich – Ihnen zuliebe – einverstanden, obwohl ich von ihm keine Ahnung habe. Setzen Sie sich (oder Kurt) also gleich mit ihm in Verbindung und geben Sie ihm jedenfalls Instruktionen, wie er die Sache behandeln soll, um mich nicht zu blamieren. Er soll auch nicht vergessen dafür zu plädieren, daß mir die Schutzhaft auf die Strafe angerechnet wird. Ihre Bitte hingegen, bald *nach Hause* zu kommen, die Sie jetzt so oft wiederholen, kann ich nicht erfüllen; eben ist mir ein neuer Haftbefehl zugegangen, für drei Monate ist also wieder vorgesorgt. Sie scheinen wirklich anzunehmen, daß es von meinem guten Willen abhängt, hier fortzukommen [...] Liebste, schreiben Sie mir *gleich* eine gute Zeile, mir ist so elend zumute...

Ich umarme Sie und Mimi [...] Ihre R.

24. April 1917

Meine liebste Mathilde!

Wie habe ich mich über Ihre Scilla- und Veilchensendung gefreut! Sie wissen aus meinem inzwischen wohl erhaltenen Brief, wie sehr mir gerade ein bißchen Trost und Wärme von Ihnen not tat... Ich habe auch noch die Hoffnung, morgen einige Zeilen von Ihnen zu kriegen. [...]

Heute war ein schöner Tag hier, ich saß fast die ganze Zeit draußen in der Sonne, aber das Sonnenlicht dringt nicht immer in mich hinein... Es wäre mir so tröstlich zu wissen, daß Sie mal

9 Rechtsanwalt.

an einem solchen Tag einen Spaziergang im Südender Feld machen, dort müssen schon mindestens Huflattich, Sternmiere und rote Taubnesseln blühen. Sie wissen ja, wo ich sie immer pflückte. – Sonja habe ich geschrieben. Hans schweigt seit zehn Tagen.
Ich umarme Sie und Mimi tausendmal in Sehnsucht Ihre R.

29.4.1917

Meine liebste Mathilde!
Vielen Dank für alles! Daß Ihr beide, Sie und Mimi, einen solchen Luxus treibt und mir wieder Lohse schickt, ist eine wahre Sünde. Aber ich küsse euch beide trotzdem, da ihr nun einmal unverbesserlich seid. Daß der olle Hippokrates nun doch angekommen ist, ist mir recht. Sie haben Recht: die vielen Eilboten sind bei mir nichts als Zappligkeit. Wenn ich mich hier vor Sehnsucht verzehre, dann habe ich einfach das Bedürfnis, irgendwie schnell mit der Außenwelt in Berührung zu treten und dann will ich telephonieren, telegraphieren, Eilbriefe senden usw. Ich werde mich in Zukunft bessern. – Sie schreiben garnicht, ob das Fleischchen für Mimi frisch angekommen ist, dann ist es sicher nicht gut angekommen! Ich will doch immer die Wahrheit erfahren, merken Sie sich das [. . .]
Mit der »Antikritik«[10] ist mir die Sache nicht klar. Sie sagten doch, Sie hätten drei Exemplare, eins hat Hans, eins der Alte, dann konnten Sie mir doch das dritte durch Martha geschickt haben und ich hätte die Revision schnell gemacht? Falls kein drittes Exemplar mehr vorhanden ist, dann schreiben Sie bitte *sofort* an Hans, er möchte mir im eingeschriebenen Eilpaket das seinige schicken. Ich werde dann sogleich Revision vornehmen und an Drucker und H. schicken.

10 Anhang für die ›Akkumulation des Kapitals oder was die Epigonen aus der Marxschen Theorie gemacht haben. Eine Antikritik‹. R.L. hatte die ›Antikritik‹ damals im Gefängnis geschrieben.

Grämen Sie sich doch nicht über den Haftbefehl. Ich kann wirklich nichts dagegen machen. Nur die Idee mit Rußland wälze ich jetzt im Kopf. *Vielleicht* entschließe ich mich zu einer Eingabe in diesem Sinne, aber ob es fruchtet? Eine große Frage![11]
Für heute Schluß. Ich umarme Sie und Mimi tausendmal und freue mich schon auf Pfingsten. Ach wie lange noch! Ihre R.

Spartacus Nr. 5 vom Mai 1917[11a]
ZWEI OSTERBOTSCHAFTEN

Das grandiose welthistorische Drama an der Newa entbehrt nicht eines grotesk-heiteren Nebenspiels – an der Spree. Unter dem Eindruck der russischen Revolution fängt Preußen-Deutschland an, sich zu »modernisieren«. Und was wird da an »Neuorientierungen« zutage gefördert? Ein Rest des Jesuitengesetzes und der famose Sprachenparagraph des Vereinsgesetzes werden abgeschafft! [...] Ja, und nicht zu vergessen, die kaiserliche Osterbotschaft hat ja auch noch versprochen, nach dem Kriege, so Gott gibt und das deutsche Volk sich weiter brav aufführt, sogar irgendein Pluralwahlrecht zum preußischen Abgeordnetenhaus zu schenken und das preußische Herrenhaus zu – reformieren! Daß Du die Nas ins Gesicht behältst, sagte Onkel Bräsig. Das sind Reformen, zu denen Deutschland sich bereits unter den Wirkungen der russischen Ereignisse aufgerafft hat. Nun, sind wir nicht schön belohnt für die runden zwei Millionen Menschenleben, die der Völkermord verschlungen hat, für das Elend und den Hunger der Massen, für die furchtbare Steuerlast, die in Zukunft droht, für den Belagerungszustand und die drei Jahre geduldig ertragene Säbeldiktatur? Macht das deutsche Volk nicht die besten Geschäfte, wenn es gehorsam nach der

11 Ob sie, nach ihrer Scheidung von dem Deutschen Gustav Lübeck nicht wieder als russische Staatsangehörige betrachtet werden könne und als solche deportiert.
11a Aus *Spartakusbriefe*, Berlin 1920/21. Auch für diese nach der Märzrevolution in Rußland erscheinende Nr. 5 schrieb R.L. im Gefängnis zwei Aufsätze. Den ersten betitelt »Der alte Maulwurf« über die Lage nach den Vorgängen in Rußland; und den zweiten oben zitierten.

Pfeife der herrschenden Klassen tanzt und das Maul hält? Ein Schelm, der das jetzt noch nicht kapiert.
Indes Scherz beiseite. Nichts hat plötzlich die starre, erschreckende Reaktion, in der Deutschland versinkt, so grell beleuchtet wie gerade diese grotesken »Reform«versuche im Feuerschein des russischen Brandes. [. . .] Nach Rußland, dem gestrigen »Kosakenland«, pilgert heute alles wie die heiligen drei Könige aus dem Morgenland nach Bethlehem an die Wiege des »Erlösers«, indes Deutschland – das Land der »konstitutionellen Freiheiten« – seine ostelbischen Komposthaufen aufdeckt, um sie ein wenig umzurühren und in den infernalischen Düften, die dabei aufsteigen, so recht wie eine Vogelscheuche aus dem Mittelalter wirkt . . .
Aber auch das deutsche Proletariat steht noch im großen und ganzen verdutzt da und denkt, die Revolution geschehe in Rußland und sei nur ein erfreuliches und erbauliches Schauspiel in der Nachbarschaft. Es begreift nicht, daß es seine eigene Sache ist, die Sache des einen und unteilbaren internationalen Proletariats, das dort den ersten Anlauf zur welthistorischen Auseinandersetzung mit der Klassenherrschaft des Kapitals nimmt. Noch weniger begreifen dies diejenigen »Führer« des deutschen Proletariats, die zu ihrem Unglück in der Schule der alten deutschen Sozialdemokratie groß, oder richtiger klein geworden sind. Die Arbeitsgemeinschaft reagierte auf die russische Revolution durch Aufstellung eines ganz neuen »Aktionsprogramms«, und darunter versteht sie eine lange Liste furchtbar radikaler Anträge, die sie *dem* Reichstag präsentieren will. Was ist da nicht alles zu finden! Beinahe das ganze Parteiprogramm ist abgeschrieben und soll nun auf den Tisch des Hauses gelegt werden [. . .] Das ist also in dieser Stunde das Wichtigste: Anträge an den Reichstag zu richten?! An diesen Reichstag der imperialistischen Mameluckengarde! Und gerade heute, wo einer Welt daran liegt, den deutschen Massen endlich klar zu machen, daß sie nicht vom Parlamentarismus, daß sie alles nur von der eigenen Initiative, Tatkraft und Aktionsfähigkeit zu erwarten haben, heute, wo Rußland auch dem Blindesten handgreiflich zeigt, was »Aktionsprogramm« und was »Aktion« heißt – kommt die A.G. mit einer Fuhre radikalster Forderungen an den Reichstag, und das Reden an die Wand über diese Anträge soll eine »Aktion« sein! [. . .]

Also – ein unzweideutiges Bekenntnis zu der Weisheit: in Rußland macht man Revolutionen, in Deutschland hingegen »kämpft« man im Reichstag. [. . .]
Da haben wir ja wieder so eine klassische Blüte des unverfälschten, unversehrten, unveräußerlichen, unverbesserlichen, parlamentarischen Kretinismus, daß keine Prügel dafür zu kräftig wären. Hier wird ja gerade die Unmöglichkeit einer Massenrevolution in Deutschland gepredigt und das abgeschmackte Geschwätz von den »großartig organisierten Machtmitteln des modernen Staates« wiedergekaut. Obwohl gerade der russische Arbeiter- und Soldatenrat zeigt, wie trefflich diese Mittel zu Machtmitteln des Volkes, der Revolution werden, wenn – wenn eben das Proletariat revolutionär ist!
In Deutschland weiß die A. G. den Proletariermassen eine andere Rolle zuzuweisen: da »die Kraft unserer Parlamentarier« – »allein doch zu schwach ist«, sollen sie in engster Fühlung mit den Massen verbleiben und für deren »Mitwirkung« bei der parlamentarischen Aktion der Auserwählten im Reichstag Sorge tragen. »Nur dann werden unsere Parlamentarier ihre freiheitlichen Forderungen durchsetzen können.« Und diese tiefgründige Belehrung will das *Mitteilungsblatt* [der sozialdemokratischen Arbeitsgemeinschaft] aus den Erfahrungen Rußlands geschöpft haben – desselben Rußland, wo die Massen soeben gerade umgekehrt in unmittelbarer, selbständiger, revolutionärer Aktion – nicht nur gegen den Absolutismus, sondern nicht minder gegen einen monarchistischen, reaktionären Reichstag: gegen die russische Duma – die Republik errichtet haben, wo sie sich diesen Reichstag völlig unterwerfen, ja noch mehr – ihn gänzlich beiseite schieben mußten, um »die freiheitlichen Forderungen durchsetzen zu können«! [. . .] In Deutschland sollen also die Massen höchstens nur den Chor bilden, der die Großtaten der Reichstagsabgeordneten mit »mitwirkendem Gesang« begleitet. Die Parlamentarier bleiben nach wie vor die agierenden Personen, sie haben die »freiheitlichen Forderungen durchzusetzen« und der Mameluckenreichstag des Imperialismus ist berufen, zur Geburtsstätte der deutschen Freiheit zu werden! [. . .]
Wahrhaftig, die Osterbotschaft der Berliner A.G. paßt zu der kaiserlichen Osterbotschaft über die preußische Wahlreform ganz vortrefflich: beides Erzeugnisse der muffigen, abgestandenen politischen Weisheit,

die darauf förmlich stolz ist, trotz Weltkrieg und Weltumwälzung nichts gelernt und nichts vergessen zu haben.

3. Mai 1917

Meine liebe, liebe Mathilde!

Heute früh erhielt ich Ihr kurzes Brieflein, das mich sehr traurig gemacht hat, denn Sie haben mir noch nie so knapp geschrieben. Ich fühle daraus deutlich, wie sehr Sie wieder abgearbeitet und herunter sind [...]

Bei mir ist nichts Neues, als daß ich jetzt viel im Freien, in der Sonne sitze. Dabei kommt mir Ihr schöner Korbstuhl sehr zustatten; er ist so leicht zum Herausschleppen und es sitzt sich in ihm königlich. Heute kam eine Menge Schmetterlinge und Hummeln, sie fanden aber kein einziges Blümchen im Garten. – Ich stellte deshalb den blühenden Topf Cineraria heraus, den mir Martha geschenkt hat, und Sie hätten sehen sollen, wie sich die Tierchen darauf stürzten und von dem Goldstaub nicht genug naschen konnten. Auch einen prächtigen Vogel habe ich heute zum erstenmal gesehen: den Goldammer. Ich saß so still und unbeweglich, daß er ganz nahe heranhüpfte und ich ihn genau betrachten konnte. Was ich alles hier in Wronke kennen lerne! Wirklich, Mathilde, ich sammle hier massenhaft neue Kenntnisse, lese dann gleich darüber nach und fühle mich förmlich bereichert.

Vielen Dank für das Manuskript. Ehe ich jedoch an die Revision herangehe, möchte ich, daß Sie durch Lene[12] beim Alten anfragen, ob und wieweit er damit ist. Ich könnte ja doch nicht direkt an den Verleger schicken, sondern an Mehring, und der wäre sicher bitter gekränkt, falls er umsonst ein gut Teil der Arbeit gemacht haben würde [...]

12 Wohl Leo Jogiches.

Und nun erwarte ich mit Sehnsucht wieder mal einen guten ruhigen Brief von Ihnen, der mir sehr wohl tun wird. Mit noch mehr Sehnsucht erwarte ich Sie selbst. Ich hoffe Sie zu Pfingsten wieder in dem leichten Musselinkleid zu sehen, das ich so gern habe. Könnten Sie nicht die dunkle Garnitur wegnehmen lassen, die das Kleid tötet und eine mattgrüne oder mattblaue anbringen? [. . .]
Ich umarme Sie und Mimi tausendmal in großer Sehnsucht

Ihre R.

21. Mai 1917

Meine liebste Mathilde!
[. . .] Ach Gott, wie bin ich schon ungeduldig Sie zu sehen! Wir werden uns viel zu erzählen haben. Ich fühle mich heute wieder jämmerlich, – wenn ich bloß wüßte, was ich verbrochen habe, ich Unglückswurm. Nun, Ihr Pfingstbesuch wird mich vielleicht wieder aufrichten! Ich schrieb Ihnen gestern und heute je 1 Eilbrief. Kuß! R.

23. Mai 1917

Meine liebste Mathilde!
[. . .] Vom alten Herrn habe ich einen Zornausbruch über Sie und Hannes wegen der Antikritik an den Kopf gekriegt, wir wollen das aber schon mündlich besprechen. Noch eins, Mathilde, wir sitzen jetzt hier anders, der Tisch zwischen uns. Bitte, verziehen Sie keine Miene. Ich schreibe das nur, damit Sie nicht enttäuscht sind. Ich habe solche Sehnsucht! Kuß Ihre R.

1. Juni 1917

Meine liebste Mathilde!

Sie sind mir doch nicht bös?!... Sie verstehen doch, daß ich über jede Minute glücklich bin, die wir zusammen sein können, aber ... Meine »Abers« müssen Sie doch schon allmählich kennen und darauf Rücksicht nehmen, nicht wahr? Ihre Maréchal-Rosen haben mir gestern das ganze Zimmer mit süßem Duft gefüllt, ich lag auf dem Sofa und träumte bis 10 Uhr, dann ging ich schlafen ohne Lampenlicht. Jetzt sind die schönsten Tage des Jahres, wo die Dämmerung kein Ende hat und die Vögel abends keine Ruhe finden können; noch um halb 10 (das heißt nach der Vogeluhr halb 9) piepste immer noch ein unruhiger Geist. Die Fliederrispen schimmerten hell aus der Dämmerung und die Luft war so regungslos, daß alles im gespanntesten Lauschen begriffen schien. Ich konnte mich kaum von dem offenen Fenster trennen und hätte am liebsten die ganze Nacht so stehen mögen, um die köstliche Frische zu trinken.

Guten Morgen, meine liebste Mathilde, gute Reise und haben Sie mich lieb trotz alledem. Ihre R.

8. Juni 1917

[...] O Mathilde, wie ich mich nach Ihnen sehne! Mir geht es, um die Wahrheit zu sagen, ganz miserabel, ich glaube manchmal, ich werde wahnsinnig. Aber machen Sie sich nichts daraus, vielleicht überwinde ich das wieder, wie schon so manches Mal. Ich umarme Sie und Mimi vielmals in schmerzlicher Sehnsucht Ihre R.

13. Juni 1917

Meine liebste Mathilde!

[...] Es tut mir so weh, daß ich Sie mit meinem Brief beunruhigt habe, ich bedauerte es gleich, nachdem er fort war. Es geht mir schon besser, die Migräne läßt nach. Über den Arzt sprechen wir noch, wenn Sie hier sind. Melden Sie sich doch zum 22., das ist wieder ein Freitag, dieser Tag paßt Ihnen ja am besten. Schreiben Sie mir gleich, ob Sie sich gemeldet haben. Ich hoffe, bis dahin so weit zu sein, um mich mit Ihnen recht freuen zu können [...] Ich umarme Sie und Mimi tausendmal Ihre R.

am 14. Juni 1917

Telegramm

Bitte melden Sie sich am 15. hier an bitte um Nachricht ob angemeldet. Rosa

15. Juni 1917

Meine liebste Mathilde!

Ich erhielt heute Ihren Brief von gestern und sende Ihnen morgen früh ein dringendes Telegramm, erst Freitag zu kommen. Verzeihen Sie meine Zappligkeit, ich hatte vorgestern so eine fieberhafte Aufwallung von Heimweh, daß ich Sie mir für heute herzaubern wollte, aber das wird nicht mehr passieren, ich beherrsche mich schon wieder gut. Daß Sie hier einige Tage sitzen, bevor wir uns sehen, hat doch keinen Sinn und ist für Sie Zeitverlust und unnötiges Abhetzen [...]

Ich umarme Sie Ihre R.

Aus Mathilde Jacobs Bericht:

Die gänzliche Isolierung war Rosa Luxemburg bisher erträglich gemacht worden durch das harmonische Zusammensein mit Frau Schrick. Die neue Oberin, eine verarmte Adlige, schon äußerlich unangenehm, verstand es, der Gefangenen das Leben durch tausend Kleinigkeiten zu vergällen. Ich war erschrocken, in welch schlechtem Gesundheitszustand ich Rosa Luxemburg damals antraf. Sie war arbeitsunfähig. Sie, die ihre körperlichen Schmerzen nicht zu beachten pflegte, schrieb mir jetzt unterirdisch: »Ich leide an seelischen Depressionen. Es ist manchmal so schlimm, daß ich arge Befürchtungen habe.« Die Magenbeschwerden traten zuweilen wieder so heftig auf, daß Rosa oft keine oder zu wenig Nahrung zu sich nahm. Sie wünschte mein Kommen häufiger und litt an Sehnsuchtsqualen. Wenn ich dann zu Besuch kam, und der Staatsanwalt die Sprechstunde abhielt – er tat das jetzt meist, weil er wußte, wie unangenehm uns die neue Oberin war – setzte Rosa sich auf meinen Schoß, lehnte ihren Kopf an meine Schulter, ließ sich Zärtlichkeiten gern gefallen, während sie diese sonst nicht duldete. Sie war krank und hilflos.
Wir hatten überlegt, was zu tun wäre, damit ihr Zustand sich bessere. Der Staatsanwalt schlug vor, daß ich in Posen einen Arzt ausfindig machen sollte. Ein Bruder von Rosa Luxemburgs Freund Dr. Julius Marchlewski wohnte in Posen. Auf meine Anfrage empfahl er einen Dr. Lehmann, der gern bereit war, Rosa Luxemburg zu behandeln. Seinen ersten ärztlichen Besuch stattete er in Wronke ab. Da er aber die Zeit für weitere Fahrten dorthin nicht aufbringen konnte und das Honorar dadurch auch zu hoch geworden wäre, erteilte das Oberkommando Rosa Luxemburg die Erlaubnis, Dr. Lehmann für weitere Behandlung in Posen aufzusuchen. Das gab eine kleine Abwechslung. [...] Der Arzt war Rosa Luxemburg sympathisch,

bei ihren Besuchen unterhielt sie sich gern mit ihm. Blieb bis zur Abfahrt des Zuges Zeit übrig – die Züge fuhren recht selten –, so unternahm die Gefangene einen kleinen Spaziergang oder sie machte kleine Einkäufe. Dann wartete der begleitende Beamte vor dem Eingang der Geschäfte. Er war bescheiden und zurückhaltend; wenn auch ermüdet, so kehrte Rosa doch meist angeregt nach Wronke zurück.

Zu dieser Zeit ihrer Krankheit war Rosa Luxemburg unberechenbar launisch. In ihrer Reizbarkeit fürchtete sie, ich könnte die ihr so unangenehme Oberin um etwas bitten. So wies sie mich bei einem unerwarteten Besuch ab in der Annahme, ich hätte die Oberin darum gebeten. In Wirklichkeit hatte mir der Staatsanwalt, selbst ängstlich wegen Rosa Luxemburgs Gesundheitszustand, angeboten, des öfteren zu ihr zu gehen, damit sie Ablenkung und Freude hätte.

Als sie sich nun weigerte, mich zu empfangen, suchte ich, traurig darüber, meine Zuflucht im Walde. Ich machte mir klar, wieviel Rücksicht wir Rosa schuldig waren. Mit diesen Gedanken beschäftigt, sah ich an einem Teichufer durch das Grün herzförmiger Blätter viele weiße Blüten leuchten. Es war Sumpfkalla. Ich zog Schuh und Strümpfe aus und wagte vorsichtig einige Schritte in den Morast, um die Blumen zu pflükken. Auf dem Rückweg gab ich sie im Gefängnis ab.

Als die Pforte für mich geöffnet wurde, winkte Rosa mit dem Taschentuch aus ihrem Gärtchen. Ich eilte an das Gitter.

»Sind Sie bös?« fragte sie.

»Ach, wie könnte ich das!«

»Ich habe schon zu Frau Doktor gesagt«, ließ sich die Oberin vernehmen, »wenn ich Fräulein Jacob wäre, würde ich mich für solche Freundschaft bedanken.«

»Wenn *Sie* Fräulein Jacob wären, so kämen Sie als Freundin nicht für mich in Betracht«, lautete Rosa Luxemburgs prompte Antwort.

21. Juni 1917

Meine liebste Mathilde!
Ihre beiden Postkarten habe ich erhalten und mich sehr gefreut. Ich bin noch frisch unter dem Eindruck Ihres lieben Besuchs. Sie wissen garnicht, wieviel Freude Sie mir mit dem kleinen Lindenzweig gemacht haben; er duftet himmlisch und erweckt in mir so lebhafte Erinnerungen an mein blühendes Südende! ... Dem Hans habe ich endlich wieder geschrieben, Sie doch hoffentlich auch? Sie Ärmste, diese Reise von 7 Stunden bei der jetzigen Hitze war wirklich ein riesiges Opfer; ich machte mir die ganze Zeit Vorwürfe, daß ich Sie so abgehetzt habe. Geben Sie bald ein Lebenszeichen! Ich umarme sie und Mimi herzlichst

Ihre R.

Der Rock im neuen Kleid wird doch oben *glatt* gemacht und nicht etwa faltig?! Ein Paar weiße Handschuhe. Und Haferflocken!

26. Juni 1917

Meine liebste Mathilde!
[...] Ich rate Ihnen nicht, Schulze-Delitzsch zu lesen. Er erfordert andauernde und anstrengende Konzentration des Gedankens, was bei Ihrer sporadischen Art zu lesen unerreichbar ist. Hingegen würde ich Ihnen sehr raten, die Lessing-Legende vorzunehmen; sie wird Ihnen auch »stückweise« genossen viel Erfrischung und Anregung verschaffen. – Daß Ihre Cousine den schönen Zwieback an mich verschwendet, ist Sünde! Ich umarme Sie und Mimi

Ihre R.

Ich habe wohl gelesen, daß ich nach Stockholm delegiert bin, aber was habe ich davon? Oder soll ich einen Urlaub beantragen?

30. Juni 1917

Meine liebste Mathilde!

[. . .] Ich will Ihnen nun fleißig alle paar Tage eine Zeile schreiben, seien Sie nur um mich ruhig, es geht mir ganz gut. Heute haben wir hier ein Gewitter und Regen, was sehr erquickend wirkt. Hurra! Mein Flox (*Ihr* Flox) ist aufgegangen; er blüht schön und rot und füllt mich ordentlich mit Stolz. Wirklich bis jetzt ist mir noch alles in dem Gärtlein gelungen. [. . .] Ich umarme Sie und Mimi vielmals

Ihre R.

Aus Mathilde Jacobs Bericht:

Im Sommer 1917 beschloß ich, einige Ferienwochen in Wronke zu verbringen.[13] Ich machte keinen Spaziergang, ohne Blumen für Rosa Luxemburg zu pflücken. Besondere Freude gewährte es ihr, wenn ich eine Blume nicht kannte und sie mir ihren Namen nennen und sie erklären konnte. Wieder und wieder mußte ich ihr von den Kühen, Ziegen, Gänsen und Enten berichten, die ich beobachtete. Besonders Gänse erregten ihr Entzücken. Von den Singvögeln mußte ich ihr erzählen. Der Wronker Wald barg so viele, aber selten erkannte ich, welchen Vogels Lied ertönte. Rosa Luxemburg unterschied es genau, sie konnte die Vogelstimmen sogar nachahmen. »In meiner Kindheit hat mir meine Mutter von König Salomo erzählt, der die Stimmen der Vögel verstand«, sagte sie, »es erschien mir unglaubwürdig. Und heute verstehe ich sie selber.«

Etwa acht Tage streifte ich durch Wald und Flur.

Dann nahm diese Freude ein plötzliches Ende. Der Staatsan-

13 Mathilde verbrachte gegen Ende des Krieges ihre Ferien in der Nähe der Gefängnisse, in denen R.L. untergebracht war, wegen der vergrößerten Möglichkeit zu legalem und illegalem Verkehr.

walt eröffnete uns während der Sprechstunde, er habe von der zuständigen Behörde Nachricht erhalten, daß Rosa Luxemburg in ein andres Gefängnis überführt werden müsse. Im Felde sei eine Dame zu mehrjähriger Festungsstrafe verurteilt worden; da es in Deutschland nur zwei Festungen für weibliche Personen gebe, so müsse Wronke für die Verurteilte zur Verfügung gestellt werden. Es käme noch genauer Bescheid, aber wir könnten mit den Reisevorbereitungen bereits beginnen. Wenn es ihm nicht ausdrücklich verboten würde, versprach er uns den Ort zu sagen, der bestimmt worden wäre. Ich könne mich dann vorher über die Verhältnisse dort zu unterrichten suchen. Tag und Stunde der Abfahrt dürfe er nicht angeben. Das brauchte er auch nicht, darüber belehrte mich Rosa Luxemburg, sobald sie es selbst erfahren hatte.

Jetzt hieß es eiligst packen. Mit Hilfe eines Wachhabenden und einiger der gefangenen Russen holte ich diejenigen Sachen aus dem Gefängnis, die Rosa Luxemburg nicht selbst mitnehmen konnte. Ich beschaffte Kisten für Bücher, Bilder und das Geschirr. Hinzu kamen die Lebensmittel, die ich in der Umgebung von Wronke gehamstert hatte.

Inzwischen hatte uns der Staatsanwalt gesagt, daß die Fahrt nach Breslau ginge. »Wenn Sie mir versprechen, nicht auf den Bahnhof zu kommen, will ich Ihnen auch sagen, wann und mit welchem Zug Frau Dr. Luxemburg abreist.«

Nein, das würde ich mir nicht nehmen lassen, entgegnete ich, ich würde täglich zu den beiden nach Breslau gehenden Zügen an der Bahn sein, nachmittags und auch um 5 Uhr früh.

Den Tag der Abreise wußte ich bereits, die Abfahrtsstunde wollte mich Rosa Luxemburg wissen lassen, sobald sie ihr mitgeteilt war. Sie bat mich, mit ihr zu reisen. Ich riet ab, weil ich Unannehmlichkeiten fürchtete und weil es außerdem zweifelhaft war, ob wir während der Fahrt miteinander reden durften.

Am Nachmittag des 22. Juli 1917 war ich auf dem Bahnsteig und konnte Rosa Luxemburg die Hand drücken, als sie kurze Zeit nach mir eintraf, begleitet vom Staatsanwalt und einem Breslauer Gefängnisaufseher, der die Reise überwachen sollte. Der Staatsanwalt überzeugte sich als pflichttreuer Beamter, daß alles ordnungsgemäß vor sich ging. Wahrscheinlich war es ihm auch eine liebe Pflicht, seiner Gefangenen das Geleit zu geben. Er hatte bestimmt, daß an jenem Tage keine Bahnsteigkarten ausgegeben würden. Ich forderte daher eine Fahrkarte zur nächsten Station, mit der ich den Bahnsteig betreten durfte. Der Staatsanwalt machte gute Miene zum bösen Spiel und wir unterhielten uns, bis der Zug einlief, der Rosa Luxemburg wieder in ein anderes Gefängnis entführte – das vierte während der Kriegszeit.
Noch ein herzliches Lebewohl und zum letzten Mal machte ich den Weg ins Wronker Gefängnis, um die zurückgelassenen Sachen zu holen. Am nächsten Morgen, vor 5 Uhr, brachten mich der wachthabende Feldwebel und einige gefangene Russen mit meinem umfangreichen Gepäck zur Bahn.

[Kartenstempel] 26. Juli 1917
Abs. Dr. Luxemburg Strafgefängnis
adressiert an Mathilde Jacob
Hotel Vier Jahreszeiten, Breslau

Liebste Mathilde! Montag früh!
Gestern bin ich hier angekommen halbtot vor Müdigkeit: ich bin ja abgewöhnt von Menschen und Trubel! Der erste Eindruck meiner neuen Behausung war so niederschmetternd, daß ich mit Mühe die Tränen zurückhielt. Der Sprung von Wronke ist gar zu groß. Aber was möglich ist, um mir das Dasein hier ein bißchen zu erleichtern, wird wohl getan werden, daran zweifle ich nicht. Das schlimmste ist die Frage der Verpflegung – für mich der Kardinalpunkt! Heute wurde mir mitgeteilt, daß sich gar kein Restaurant findet, das für mich das Essen schicken würde! Was das werden soll, ist mir nicht klar, das hieße ja einfach, daß ich hungern soll, denn ich kann doch bei meiner schweren Magenkrankheit keine Gefängniskost einnehmen! Wir müßten dann, falls ich hier wirklich nichts findet, sofort eine dringende Eingabe um Überführung an einen andern Ort machen! Vor allem sehne ich mich natürlich danach, Sie baldigst zu sehen und zu sprechen! Ich umarme Sie tausendmal

Ihre R.L.

Bitte um Zeitungen!

Aus Mathilde Jacobs Bericht:

In Breslau angekommen, war ich sogleich zur Kommandantur gegangen und hatte mir drei bis vier Sprechstunden erbeten, die mir auch bewilligt wurden, in Anbetracht zu machender Besorgungen und damit verbundener persönlicher Besprechungen. Bereits gegen Mittag war ich zu Rosas Überraschung bei ihr. Sie hatte erst für den nächsten Tag auf ein Wiedersehen gerechnet.
Sie hatte Tränen in den Augen, als sie zu mir geführt wurde. »O Mathilde«, sagte sie, »der Umschwung ist zu schrecklich. Ich habe eine kahle Zelle. Ich darf nicht auf den Hof hinunter. Es gibt kein Restaurant am Platz, das meine Verpflegung übernimmt. Ich werde hier zu Grunde gehen.«
Ich hielt den Wechsel nicht für so trostlos. Rosa war jetzt der völligen Abgeschiedenheit in Wronke entronnen; in Breslau, wo sie mit vielen gemeinsam in einem großen Gefängnis untergebracht war, drang der Pulsschlag des Lebens wieder zu ihr.
Wir kamen überein, daß ich einen kleinen Kleiderschrank, ein Waschgeschirr auf einem Tischchen und einige andere Sachen besorgen sollte. Kamen dazu Bilder, ein kleiner echter Teppich, den eine gute Freundin gestiftet hatte, der Korbsessel und vor allem die Bücher, so mußte es gelingen, die Zelle wohnlich herzurichten, die sogar, statt des üblichen vergitterten Gucklochs oben an der Wand, normale Fenster hatte.
Die Beschaffung von Lebensmitteln war in Breslau schwer; immerhin gab es in der näheren und weiteren Umgebung Dörfer, wo sich die Breslauer Gemüse, Obst, Fleisch und vor allem Butter zu verschaffen wußten. Aber ein Restaurant ausfindig zu machen, das Rosas Verpflegung übernahm, war unmöglich; denn jede Gastwirtschaft hütete sich, ins Gefängnis mehr Lebensmittel für eine Person zu liefern, als diese nach ihren Lebensmittelkarten zu beanspruchen hatte. Mit diesen geringen

Mengen konnte aber niemand ohne schwere gesundheitliche Schädigung auskommen. Was tun?
Ich hatte mir die Adresse von Breslauer Parteifreunden beschafft, von denen man annehmen konnte, sie würden sowohl interessiert als mutig genug sein, Rosa Luxemburg zu betreuen. Es war eine Familie Schlich, die in unmittelbarer Nähe des Gefängnisses wohnte. Robert Schlich, das Familienoberhaupt, traf ich nicht zu Hause, als ich vorsprach. Er arbeitete in seinem Schrebergärtchen, etwa eine halbe Wohnstunde von der Wohnung entfernt. Der älteste Junge setzte sich aufs Fahrrad, um dem Vater die Nachricht zu bringen, daß Rosa Luxemburg in das Breslauer Frauengefängnis gebracht worden sei und daß man seine Hilfe für sie erbäte. Nach kurzer Zeit war Robert Schlich zur Stelle.
»Seien Sie ohne Sorge, für unsere Rosa habe ich immer etwas übrig. Ich habe als Schiffer häufig in Oberschlesien zu tun, dort sind Lebensmittel noch nicht knapp.« – »Selma«, sagte er zu seiner Frau, »nicht wahr, du wirst für Rosa kochen? Das Hinüberschaffen ins Gefängnis ist ja eine Kleinigkeit, kaum fünf Minuten Weg.«
»Selbstverständlich«, sagte, sichtlich erfreut, Selma Schlich. Und sie tat für Rosa Luxemburg, was in ihren Kräften stand. Die ganze Familie half ihr dabei. Nach einiger Zeit wurde Robert Schlich zum Militärdienst eingezogen. Seine Frau wollte ihn besuchen und schrieb ihm, sie wolle während ihrer Abwesenheit die Verpflegung andern überlassen.
Er antwortete, sie möchte vorläufig nicht kommen, so gern er sie sehen würde. Rosa Luxemburg ginge vor.

Mittwoch, den 17. [Juli 1917]

Liebste Mathilde, nur zwei Zeilen, um Ihre Anfrage betr. meiner Haftverbüßung zu beantworten. Ja, ich verbüße schon die zehntägige Strafe.[1] Die 10 Mark »Vorschuß« in der Gerichtsrechnung bedeuten die üblichen Kosten von 1 Mark pro Tag. *Außerdem* muß ich 3 M. pro Tag für Selbstbeschäftigung = 30 M. *hier* bezahlen, bitte, schicken Sie mir diese Summe hierher ins Gefängnis [. . .] Ich umarme Sie Ihre R.

Breslau, 27. 7. 1917

Liebste Mathilde!

Ich warte mit Ungeduld auf eine Zeile von Ihnen, ob Sie wohlbehalten nach Berlin gekommen sind und sich schon von der furchtbaren Strapaze erholt haben, die sie um meinetwillen hier diesmal auszustehen hatten. Ich kann Ihnen nicht sagen, wie mich der Gedanke peinigt, daß Sie diesmal nichts als Müdigkeit vom Besuch bei mir mitgenommen haben. Ich tröste mich mit dem Gedanken, daß es das nächste Mal anders in jeder Hinsicht wird. Heute ist der Schrank gebracht worden, er sieht sehr gut aus und reicht vollkommen für meine Zwecke hin. Jetzt warte ich sehnlich auf meine Bücher, um arbeiten zu können, denn ich habe ja nichts mitgenommen. (Das Waschservice ist übrigens *nicht* angekommen, was mich einigermaßen wundert.) Frau Schlich mästet mich sehr sorgfältig, ich habe ihre Rationen noch reduzieren müssen, jetzt stimmt's. Worum ich Sie sehr dringend bitten möchte, ist die Adresse von Mehrings. Ich hatte ja ihre erste kurze Karte aus Koserow noch garnicht beantwortet [. . .] Ich fürchte sehr, der Alte wird es mir übelnehmen. Bitte, entschuldigen Sie mich bei *ihm* und lassen Sie mich die Adresse schleunigst wissen. [. . .]

Was macht nun meine geliebte kleine Mimi? Wie hat sie die lange Abwesenheit ihrer Pflegemutter vertragen? Sie schrieben und sprachen in der letzten Zeit von ihr so wenig, daß ich ganz

1 In der Polizeibeamtensache.

traurig bin. Hoffentlich ist sie wohlauf und munter und freut sich jetzt über Ihre Rückkehr. Bitte genauen und häufigen Bericht über sie.[2]

Nun mit vielen herzlichen Grüßen an alle und speziell an Ihre liebe Frau Mutter umarme ich Sie und Mimi tausendmal

Ihre R.

Eben höre ich, daß das Waschservice schon hier ist.

30. Juli 1917

Liebste Mathilde!

Bis heute habe ich noch kein Lebenszeichen von Ihnen, doch kommt es hoffentlich nächstens. Ich schrieb Ihnen am 27. einen Brief. Am 28. habe ich den von Sonja (vom 25.) erhalten, heute einen von Mehring. Der Briefverkehr wird also nicht so schlimm verzögert, wie wir befürchteten, und das wird in Zukunft vielleicht noch glatter gehen; ich hielte es für große Zeitersparnis, wenn die Briefe für mich direkt an die hiesige Kommandantur adressiert wären. Sagen Sie das allen Freunden [. . .]

Ich fühle mich ganz gut und warte geduldig auf Bücher und auf Briefe.

Tausend Küsse Ihre R.

6. August 1917

Meine liebste Mathilde!

[. . .] Die Kisten aus Wronke sind hier am 2. angelangt, ich packte natürlich sofort aus und bin schon ganz »eingerichtet«. Die beiden Räume sehen nun halbwegs menschlich aus, allein ich fürchte, die Sache wird sich nicht durchführen lassen und ich werde mich wieder auf eine Zelle einschränken müssen. Zwei

2 Die Katze war gestorben, was man R.L. vorerst verheimlichte.

Räume sind nämlich schön, wenn man zu ihnen Zutritt hat, ich bin aber immer fest eingesperrt und bis ich in meine andere Zelle gelange, muß ich klopfen und die Aufseherin in Bewegung setzen. Abgesehen davon, daß es mir in der Seele widersteht, jemand öfter für mich zu beanspruchen, ist das auch praktisch nicht gut möglich, denn die Aufseherin hat natürlich verschiedentlich zu tun und ist häufig garnicht auf der Station; außerdem aber ist sie von 1 bis 4 Uhr überhaupt nicht da (Mittagspause) und abends nach 6 ist sie fort, während ich bis 10 Licht haben darf. Mit alledem geht es also schwierig und ich bin entweder getrennt von meinem Bett, wo ich mich zwischen der Arbeit oder wenn ich mich schlecht fühle, mal hinlegen kann, sowie von meinem Teekocher und meiner Apotheke, oder aber ich bin getrennt von meinem Schreibtisch und vom Licht abends. Das ist nämlich anders hier als in Wronke und auch in der Barnimstraße, wo die Schutzhaftgefangenen nur zur Nacht eingesperrt werden und bei Tag sich im Lazarett frei bewegen dürfen, und wie gesagt, ich zweifle, ob das mit den zwei Zellen unter diesen Umständen gehen wird, so sehr mir natürlich schwer wäre, mit allen Sachen in einer schmalen Zelle unterzukommen, aber das wird sich bald herausstellen, beunruhigen Sie sich, bitte, deswegen nicht. Es wird eben so gehen müssen, wie es möglich ist. – Mir ging es mit meinem Magen seit Freitag miserabel, aber ich hoffe, jetzt wird's besser. Ich denke, das kommt vom hiesigen Brot, an das ich mich erst gewöhnen muß. Sonst ist das Essen, das mir die Frau besorgt, sehr gut. – Der Spezialarzt, Dr. Oppler, der mir bewilligt worden ist, schrieb mir, daß er bis Ende August verreist ist. Inzwischen sind ja die Herren Anstaltsärzte da; freilich kann mir einstweilen wenig geholfen werden, da mein Magen ja alle Medikamente ablehnt. Auch deswegen werden Sie, bitte, nicht unruhig: es geht mir ja schon besser [. . .]

11. August 1917

Meine liebste Mathilde!

Ich kann Ihnen garnicht sagen, wie mich Ihr gestern erhaltener Brief erschüttert hat. Also meine Mimi ist seit Monaten schwer krank, und ich erfahre das erst jetzt, zufällig, weil ich Sie sozusagen mit meinen Fragen an die Wand drückte! Und Sie brachten es fertig, mir etwas zu verheimlichen, was mir so sehr nahe geht! Ich frage, wo ist einfach der *Respekt* vor mir, um mich nicht wie ein unmündiges Kind, ein »Objekt« zu behandeln. Das ist ja dieselbe Geschichte wie mit der Eingabe über meinen Kopf hinweg. Das Militär steckt mich auf Grund des Belagerungszustands ins Loch für Jahre und meine Freunde verhängen noch einen privaten Belagerungszustand über mich, indem sie mich als eine Unmündige behandeln, in meinem Namen verfügen oder mir wichtige Nachrichten vorenthalten. Sie waren noch die Einzige, deren Worte ich glaubte trauen zu können, jetzt traue ich Ihnen auch nicht mehr, und bin nun völlig einsam. Meinetwegen. Und nun schreiben Sie mir einfach, Mimi sei krank. Das soll mir genügen! Kein Wort darüber, wie und was! Und diese Redensarten vom »Alter« Mimis! Vor einem Jahr, als ich verhaftet wurde, war sie noch jung und schön und gesund. Ja, noch zu Pfingsten wollten Sie sie mir doch nach Wronke bringen, da war auch alles gut. Und plötzlich muß ich von ihrem »Alter« hören! Nun bitte aber *umgehend um genaueste* Angaben: 1) seit wann Mimi krank ist, 2) worin äußert sich das, 3) ob und seit wann Verschlimmerung zu merken ist, 4) ob sie ißt und was, 5) welcher Tierarzt sie gesehen hat. – [. . .] Über meine Gesundheit werde ich Ihnen soviel schreiben, wie Sie mir über Mimis schrieben.

Ich umarme Sie und grüße herzlichst Ihre Frau Mutter Ihre R.

18. August 1917

Liebste Mathilde,
soeben erhalte ich Ihren Brief vom 15. Sie wollen mich wohl extra auf die Folter spannen! Immerzu reden Sie, daß Mimi krank ist und kein Wort, *was* ihr fehlt?!! Zum Teufel, ich muß doch wissen, *was für [eine] Krankheit* sie hat. Oder lebt sie garnicht mehr? Ist vielleicht schon längst tot und Sie führen mich nur so an? Wenn das wäre, ich würde Ihnen nicht verzeihen. Ich will *die Wahrheit* wissen, *sofort, volle Wahrheit!*

Kuß und Gruß

Ihre R.

Was ist am 1. Mai mit Mimi passiert?!

24. August 1917

Meine liebste Mathilde!
[. . .] Wollen Sie es nicht so einführen, wie ich es mache: sich im Umschaltekalender immer aufnotieren, wann man einen Brief absendet oder einen bekommt; das erleichtert sehr die Kontrolle: ob kein Brief verloren geht.

Über Mimi will ich nun nichts mehr schreiben, lassen wir das traurige Kapitel ruhen. Aber Sie können wieder einmal sehen, daß es barmherziger ist, offen und ehrlich gleich die ganze Wahrheit zu sagen, als vor falscher Rücksichtnahme jemanden monatelang im Irrtum zu lassen. Wie viel leichter wäre es mir doch, wenn ich die traurige Nachricht von Ihnen mündlich noch in Wronke vernommen hätte, wo ich Sie so oft um mich hatte und nach allen Einzelheiten, die mir teuer sind, ausfragen konnte! Und so sitze ich hier mit der nackten Tatsache, weiß nichts Näheres und komme mir so roh und herzlos vor, daß ich vier Monate in völliger Unkenntnis von ihrem traurigen Ende leben konnte . . . Nun also lassen wir das; ich werde Sie doch nicht anders machen und die meisten Menschen handeln in solchen Fällen genau so wie Sie. Also Schluß damit.

Vielen Dank für die geschickten Sachen und Bücher. Aber es tut mir so weh, daß Sie so gedrückt und mißmutig sind. Auch Sonja schreibt ganz verzweifelt. Aber *Sie* hatten ja sonst immer Lebensmut und innere Frische! Bitte, lassen Sie sich doch nicht von allerlei niederdrückenden Einflüssen unterkriegen. Lesen Sie in jeder freien Minute was Gutes und gehen Sie vor allem viel ins Feld, ins Freie. Dort holt man sich immer Trost und Lebensfreude. Sie waren sicher schon eine Ewigkeit nicht mehr im Botanischen Garten. Bitte, raffen Sie sich zu einem Besuch in Dahlem auf, nehmen Sie auch Sonja mit und beschreibt mir dann genau, wie es dort jetzt aussieht, was blüht, welche Vögel man hört etc. Beeilen Sie sich damit, denn das sind die letzten Tage bei den meisten Singvögeln, die Ende August – Anfang September wieder nach Süden abreisen. Und im Botanischen nistet eine Menge davon! Speziell im dichteren Teil gleich am Eingang [. . .] dann rechts von der Eingangshalle. Dort habe ich mal Karl und Sonja im April die Nachtigall vorgeführt und viele andere. Jetzt möchte ich genauen Bericht kriegen, was dort alles lebt. [. . .] Die paar Stunden würden Sie für mehrere Tage wieder frisch und arbeitskräftig machen. Und dann tun Sie's *für mich*. Ich habe gestern auch einen »Ausflug« gemacht! Nämlich auf die Kommandantur (auf meinen Wunsch), wo ich einiges zu besprechen hatte. Ich freute mich sehr auf die kleine Fahrt, kam aber, wie immer, ziemlich zerschlagen zurück. Ich bin ja derart vom menschlichen Verkehr abgewöhnt, daß mich der Straßentrubel nach wenigen Minuten betäubt. Auch sah die Stadt verstaubt, erhitzt, die Bäume schon ziemlich verdorrt aus. Immerhin war es »mal was anderes« und ich kaufte mir ein wenig Blumen und Kuchen (o weh!) unterwegs. [. . .]
Ich schicke Ihnen wieder 80 S. Manuskript. Ich eile jetzt sehr mit Korolenko. Hat Hänschen *alles* schon gehabt, was bei Ihnen war? Ich schreibe ihm natürlich nach Stuttgart.
Bitte, schicken Sie den Liegestuhl *nicht* her. Ich wohne ja jetzt

faktisch nur in einer Zelle und habe keinen Platz für dieses Möbel. Dafür möchte ich Sie aber doch gelegentlich um Gertruds Bild bitten, ferner um den Turner [. . .]
Ich schreibe Ihnen bald wieder. Meine liebste Mathilde, bitte, lassen Sie doch den Mut nicht sinken und die Freude am Leben nicht ausgehen. Alles wird schon auch anders werden! Wenn wir beide erst wieder in Südende hausen und ins Feld gehen Blumen pflücken! . . . Also seien Sie frisch und fröhlich – trotz alledem, ja? Ich umarme Sie und grüße herzlich die Ihren

Ihre immer R.

Anbei sind ein paar Federchen von Tauben, die ich im Hof fand. Eine schillert am Rande blau-rot.

Aus Mathilde Jacobs Bericht:

Bei einer durch die zuständige Berliner Behörde veranlaßten Revision sollte geprüft werden, wie Rosa Luxemburg in Breslau untergebracht war. Die entsandten Berliner Beamten erachteten den Raum für unzureichend und empfahlen dem Breslauer Gefängnisdirektor, mittels eines Durchbruchs die Zelle mit der danebenliegenden verbinden zu lassen. Nachdem die Genehmigung für diese bauliche Veränderung von Berlin aus erteilt worden war, ließ der Gefängnisdirektor den Durchbruch vornehmen. Jetzt war Rosa Luxemburg leidlich bequem untergebracht; sie richtete einen Wohn- und einen Schlafraum her und alle, die Zutritt hatten, rühmten wieder ihren guten Geschmack.
Die Sprechstunden im Breslauer Gefängnis wurden anfangs in einem Arbeitszimmer abgehalten. Ein Posener Referendar und ein Berliner Rechtsanwalt übernahmen abwechselnd die

Überwachung. Als ich zufällig mit einem der Herren vor der Sprechstunde im Gefängnis zusammentraf, begegneten wir dem Direktor. Er fragte, ob wir zu Frau Luxemburg wollten. »Frau Luxemburg wird zu uns ins Arbeitszimmer geführt«, erwiderte ich, »wenn wir sie in der Zelle aufsuchen dürften, würde mich das freuen.« – Dagegen bestünden keine Bedenken, lautete die Antwort. Und Rosa Luxemburg machte ein erstaunt-freudiges Gesicht, als wir zu ihr kamen.
Von jetzt ab, wenn Besucher kamen, fühlte sie sich in der Rolle der Wirtin. Da war sie in ihrem Element. Leo Jogiches, der zurückgezogen lebte, pflegte zu sagen, Rosa sei nur wirklich froh, wenn sie viele Menschen um sich habe.
Fortan wurde ihr auch gestattet, so viel auf dem Hof zu spazieren, wie sie wollte. Die Zellentüren blieben allerdings verschlossen, sodaß Rosa Luxemburg stets eine Gefangenenaufseherin durch das übliche Klingelzeichen herbeirufen mußte, wenn sie hinaus wollte.
Der Breslauer Gefängnisarzt interessierte sich bald für seine neue Patientin und die Unterhaltungen mit ihm regten Rosa Luxemburg an. Es wurden Bücher ausgetauscht. Der Arzt liebte Goethe, wußte gut in seinen Werken Bescheid und war erfreut, bei seiner Patientin die gleiche Neigung und gründliche Kenntnisse vorzufinden. Sogar eine Lesekarte für die Breslauer Universitätsbibliothek verschaffte ihr der Arzt, sodaß für ihre Lektüre zum größten Teil in Breslau gesorgt war.

3. September 1917

Meine liebste Mathilde!
[. . .] Ich freue mich so über das geblümte Schälchen für meine Federhalter! Es sieht überhaupt so nett auf dem Schreibtisch aus mit den vielen Büchern und den Blumentöpfen. Nur bleibt mir zum Arbeiten wenig Platz.

Ich möchte doch wieder einführen, wie wir's in Wronke hielten: daß wir einander regelmäßig zweimal in der Woche Nachricht geben, wenn auch nur ein paar Zeilen auf einer Postkarte. Wenn also nicht besonders Dringendes vorfällt, schreibe ich Ihnen jeden Montag und Donnerstag. [...] Halten Sie sich vielleicht an dieselben Tage, dann kommen nicht wieder zwei Briefe auf einmal und darauf eine Woche ohne Nachricht, sondern wir bleiben fortlaufend in Fühlung. [...]
Ich umarme Sie vielmals und grüße herzlich Ihre Mutter und Schwester
Ihre R.

6. September 1917
Sonntagsgruß

Meine liebste Mathilde!
Ihre N. 2 und 3 erhalten. Schreiben Sie mir lieber am Mittwoch, nicht am Donnerstag, dann brauchen Ihre Nachrichten nicht erst über den Sonntag hier zu liegen und ich erhalte sie um 1–2 Tage früher. Hans ist momentan in Posen, ich bin mit ihm in Kontakt. Für den Korolenko ist seine Übersiedlung allerdings ein Pech. Jedenfalls können wir ihm ins Feld nur ein abgeschriebenes Exemplar schicken, denn das einzige Manuskript wäre doch zu riskant. Was wird mit meinen unglücklichen Kolibris in Posen! Die werde ich auch noch verlieren am Ende. [...]
Heute war [es] hier nach der Kälte der letzten Tage wieder einmal schön und ich bin eine Stunde in der Sonne gelaufen im Hof. Dazu noch ein Brief von Hans, einer von Sonja und eine Karte von Ihnen, also ein ganzer Feiertag! Bitte, gehen Sie viel spazieren!
Ich umarme Sie
Ihre R.

9. September 1917

Meine liebste Mathilde!

[...] Ich habe mich über die drei Bildchen sehr gefreut. Am besten ist wohl das, wo ihr drei Damen allein um den Tisch sitzt. [...] Auch für das »Birkenbild« vielen Dank, es macht mir viel Freude. Ihren Bericht von Marienfelde erwarte ich gern, aber das dispensiert Sie nicht von dem Besuch im Botanischen, auf dem ich bestehen muß. [...] Sie gehen überhaupt viel zu selten in den Botanischen. Jedesmal, wenn man dort ist, empfindet man erst, was man versäumt, wenn man längere Zeit nicht hingeht. [...]

Heute erhielt ich ein Paket von Mat. Wurm: Schokolade und Zwieback aus der Schweiz, ein bißchen Tee und Zucker (ein paar Stückchen, was sehr rührend und amüsant ist). Wer hätte vor drei Jahren an solche »Geschenke« gedacht?[3]

Haben Sie denn mein Korolenko-Manuskript immer noch nicht erhalten? Und das ist jetzt so eilig! Ich habe mich verpflichtet, bis Ende des Monats alles fix und fertig zum Druck zu geben, und da ist noch so viel übrig. Jedenfalls müssen Sie dem Hans so bald wie möglich die Fortsetzung schicken und ihn sehr zur Eile antreiben. Ich will meinerseits nicht wieder durchsehen als erst in der Korrektur; diese muß ich ja doch lesen, also spare ich mir alles auf einmal auf.

Der Magenspezialist Dr. Oppler war bei mir vorgestern, bestätigte natürlich die Diagnose: Nerven. Im übrigen die alten Mittel.

Heute ist Sonntag. [...] Ich lief fleißig im Hof eine Stunde, dann bin ich aber immer froh, wenn ich wieder in der Zelle sitze. Ich umarme Sie vielmals [...] Ihre R.

3 Hinweis auf die große Lebensmittelknappheit infolge der Blockade.

12. September 1917

Liebste Mathilde!

Ich habe heute Ihren Brief N. 8 erhalten. [...] Nach Birkenwerder müssen wir natürlich zusammen einen Ausflug machen. Auch nach Spreewald, das steht fest. Den ersten Band von Jean-Christophe (vielmehr drei Bändchen) habe ich nur französisch von Hans D. Ich werde sie Ihnen durch Sonja schicken und Sie können sie dann dem Hans nach Stuttgart zurückschikken; oder haben Sie selbst die deutsche Ausgabe? Ich umarme Sie vielmals und sende viele Grüße an die Ihrigen und Martha.

Ihre R.

13. September 1917

Liebste Mathilde!

Ich erhielt heute Ihr Paketchen mit dem Heidekraut und der Distel und freute mich sehr. [...] Ich hatte heute solches Unglück. Ich pflege hier so sorgfältig die paar Blumentöpfe von Ihnen, am schönsten gedieh das große rote Schafblatt, ich hatte viel Freude daran. Nun fiel es heute im Zugwind vom Fenster und zerbrach in Stücke: die Hälfte der Äste ging kaputt. Das hat mich sehr verdrossen. Heute ist es so windig, daß ich nachmittags garnicht ausging. [...] Ich umarme Sie vielmals

Ihre R.

18. September 1917

L. M.[4]

Von der Kommandantur ist mir heute eröffnet worden, daß mein Briefwechsel zu umfangreich ist. Bitte schreiben Sie mir nur einmal in der Woche und kürzer. Benachrichtigen Sie auch Hans, Klara und Luise, daß ich sie bitte, mir nicht mehr zu

4 So abgekürzt, offenbar in großer Erregung geschrieben.

schreiben und keine Briefe von mir zu erwarten. Heute erhielt ich Ihren Brief N. 9, Numerierung ist für die Zukunft überflüssig. Ich habe wieder 100 S. Manuskript an Sie aufgegeben. Bitte, die Frage meiner Briefeinschränkung *weder brieflich noch sonst weiter* zu berühren. Gruß! Ihre R.

28. September 1917

Meine liebste Mathilde!
Alle Ihre Nachrichten bis Nr. 13 Karte am Montag habe ich erhalten. Doch scheinen Sie meine Karte *vom 18.* (worin ich Sie bat, mir nur einmal wöchentlich zu schreiben und nicht zu numerieren) nicht erhalten zu haben. Ich schrieb seitdem nicht. Bei mir nichts Neues, ich arbeite fleißig, nur geht es leider so langsam damit vorwärts! Zur Erholung lese ich jetzt den »Anakreon«, mit dem ich nächstens aber fertig bin, worauf ich ihn *Ihnen* schicke; bitte, lesen Sie ihn auch, er wird Sie sicher erfrischen. [...] Ich umarme Sie vielmals und grüße herzlichst Ihre Mutter Ihre R.

7. Oktober 1917

Meine liebste Mathilde!
In dieser ganzen Woche habe ich von Ihnen keine Nachricht gehabt, Ihren letzten kurzen Brief (N. 14) erhielt ich vorigen Sonnabend am 29. Vielleicht kommt morgen ein Lebenszeichen von Ihnen. [...] Natürlich werde ich mich freuen, Martha zu sehen, ich hoffe aber zunächst in diesem Monat auf *Ihren* Besuch! Das heißt natürlich, wenn Ihre Dispositionen es erlauben und Sie Lust haben. Mir kommt es vor, daß wir uns ein Jahrhundert nicht gesehen haben. [...] Waren Sie nun endlich im Botanischen oder nicht? Welche Sünde, daß Sie nicht hingehen. [...]

Was wird nun endlich aus meinen Colibris?! Schreiben Sie doch, bitte, an die Frau Marchlewski, daß sie sie aus dem Geschäft holt, wo Hans sie zum Reinigen gab.
Vorläufig viele Grüße und Küsse Ihre R.

Ihrer Mutter und Schwester herzliche Grüße.[5]

9. November 1917

Meine liebste Mathilde!
[. . .] Ich habe schon solche Sehnsucht nach Ihnen; ich glaube, es ist höchste Zeit, daß wir uns wieder mal sehen. So lange wie diesmal – 4 Monate! – haben wir noch nie ausfallen lassen und ich fühle mich ganz wehmütig, daß dies jetzt möglich war. Es will mir nicht aus dem Kopf, daß es zwischen uns jetzt anders ist als früher und ich habe keine Ahnung, woran das liegt. Ich meine nicht bloß, daß wir uns so lange nicht gesehen haben, sondern daß ich auch so selten jetzt Nachricht von Ihnen kriege und daß Sie mir in Ihren Briefen so geistesabwesend scheinen. Ich möchte so gern wissen, wie es Ihnen innerlich geht, so wie ich mit Ihnen ständig Fühlung hatte, als ich in Wronke war. Daß ich Ihnen oft schreiben möchte, werden Sie doch nicht bezweifeln, ich *darf's* doch bloß nicht. [. . .]
Hänschen war von Hauptmanns »Narr« höchst begeistert. [. . .]
Liebste, ich möchte Ihnen noch viel schreiben und über vieles fragen, muß aber schließen. Wann kommen Sie?! Ich umarme Sie vielmals und küsse Sie herzlichst Ihre R.

5 Die Grüße an M. J.s Angehörige, die sich zu dieser Zeit sehr häufig finden, sind oft weggelassen worden.

2. Dezember 1917

Meine liebste Mathilde!

[...] Schreiben Sie bald wieder einige Zeilen, ich brauche jetzt sehr ein bißchen Fühlung!... Ich umarme Sie vielmals und küsse Sie Ihre R.

6. Dezember 1917

Meine liebste Mathilde!

[...] Jetzt schreibe ich Ihnen mit ein paar sehr eiligen Bitten wegen Weihnachten.

Ich möchte der Klara etwas Schönes schicken, endlich kam ich, glaub ich, auf den richtigen Gedanken: *Die Plastik der Ägypter*. Bitte, besorgen Sie mir das sofort (Verlag Paul Cassirer) und senden Sie's mir sofort per Eilboten. [...] Ich muß nämlich jetzt für die Post nach Stuttgart mindestens 8 Tage rechnen, sonst komme ich zu spät. Ferner noch

2) Pierre Broodcoorens, Rotes Flamenblut (Verlag weiß ich leider nicht) gebunden und

3) Federigo Confaloniere, gleichfalls gebunden (Insel Verlag Leipzig).

Die beiden letzten Bücher sind für Sonja und Lene bestimmt. Sie können sie also selbst erst mitbringen, damit ich nur die Widmungen einschreiben kann.

Ich darf wohl darauf rechnen?

Ich habe mich sehr gefreut, daß Sie wieder in meiner Wohnung waren und daß sie voller Sonne war. Ich habe mir so gut vorstellen können, wie diese lieben stillen Zimmer aussahen, der schöne Blick aus dem Balkon. [...]

In drei Wochen sehen wir uns! Wie ich mich schon darauf freue!

Ich umarme Sie vielmals Ihre R.L.

Noch eins! Am 4. gab ich das Manuskript (50 Seiten) für Sie auf.

13. Dezember 1917

Meine liebste Mathilde!

[. . .] Auf Weihnachten freue ich mich unbändig. Sie müssen mir für Martha natürlich auch was besorgen, vielen Dank, daß Sie mich daran erinnert haben. Besorgen Sie mir also *sofort* (daher sende ich per Eilboten) H. Pontoppidan, Das gelobte Land, Verlag Diederichs, Jena (wenn möglich) gebunden. Auf das Buch für Klara warte ich sehnlich, es ist höchste Zeit.

Und Ihnen, Sie vorwitziges Wesen, wollte ich natürlich – überhaupt nichts schenken. Was fällt Ihnen denn ein? . . . Von morgen in 10 Tagen sehe ich Sie hoffentlich.

Jetzt noch eine Bitte: für das Weihnachtsgeschenk, das ich mir selbst machen will, bestellen Sie mir folgendes:

W. R. Eckardt: Das Klimaproblem, Braunschweig 1909. [. . .]

Ich umarme Sie vielmals
und grüße vielmals Ihre Mutter und Fräulein Gretchen Ihre R.

Aus Mathilde Jacobs Bericht:

Die Hauptsache blieb, daß Leo Jogiches die Kampfgefährten über die politischen Vorgänge unterrichtete. Aus Furcht vor der Polizei, die zu jener Zeit nachts noch nicht kam, wohl aber häufig während des Tages, schrieb ich die Berichte in Geheimschrift ausschließlich nachts. Vorher mußte Leo Jogiches sie mir diktieren, was bei seiner gründlichen Art viel Zeit erforderte. Öfter unterbrach er die Arbeit und berichtete aus früheren Zeiten von seinem und Rosa Luxemburgs Leben. »Ich will Ihnen von Rosa erzählen, etwas worüber Sie lachen werden: Als wir in Paris lebten, hatten wir entfernt wohnende Freunde besucht. Auf dem Heimweg wurde Rosa müde und rief einem Fiaker zu, was die Fahrt nach Hause koste. Die genannte Sum-

me war hoch, man konnte sie nicht ausgeben. O Monsieur, rief Rosa, nous sommes pauvres! Darauf der Kutscher: Ce n'est pas ma faute, Madame! Diese Antwort belustigte Rosa so, daß sie sich auf die Erde setzte, sehr lachte und keine Müdigkeit mehr während des Marsches verspürte.«
Im Januar 1918 war der erste groß durchgeführte Streik. Die mir von Leo Jogiches diktierten Flugblätter enthielten Losungen, die zum ersten Mal in die Massen getragen wurden: Absetzung der Hohenzollern! ... Aufhebung der drei Dutzend deutschen Vaterländer ... Gründung einer einigen deutschen Republik! Die Kriminalpolizei setzte ihre Häscher in Bewegung, als diese Flugblätter erschienen, wußte sie doch, daß sie vom spiritus rector des Spartakusbundes ausgingen. Sie war ahnungslos genug, ihn auch für den Verfasser derjenigen Flugblätter und Artikel zu halten, die aus Rosa Luxemburgs Feder stammten.

7. Januar 1918

Meine liebste Mathilde!
[...] Jetzt auch noch ein Blumenauftrag von mir – deshalb der Eilbote! – Für Sonja zum Geburtstag besorgen Sie bitte von mir für 10 Mark Orchideen und zwar, wenn irgend möglich, dasselbe grüne Cypripedium, wie Sie mir hier brachten. Das hält sich nämlich fabelhaft: denken Sie, heute noch sieht der Strauß genau so aus wie am ersten Tag! Ich habe unglaubliche Freude daran. [...]
Auch Ihre Maiglöckchen sind in meiner Pflege richtig aufgeblüht und duften herrlich, alle Knospen sind aufgegangen. [...]
Was ist mit dem von mir bestellten Buch über das Klimaproblem? Ich möchte mir auch noch ein Exemplar von »Rotes Flamenblut« Pierre Broodcoorens bestellen, für mich selbst, es ist ein so ausgezeichnetes Buch, daß ich es noch hin und wieder lesen will. [...] Ich umarme Sie vielmals Ihre R.

Breslau 12. Januar 18

Meine liebste Mathilde!

Mir ist ganz heiß vor Schreck geworden, als ich vor 5 Minuten das Couvert mit der Handschrift Ihrer Mutter erhielt. Diese plötzliche Hiobsbotschaft habe ich wirklich nicht erwartet, obwohl ich schon seit Tagen auf ein Lebenszeichen von Ihnen lauere. Sagen Sie nun jetzt: brauchte das so zu kommen, wenn Sie etwas vernünftiger gewesen und rechtzeitig, vor Wochen, zum Arzt gegangen wären?[6] Freilich, jetzt hat es keinen Sinn mehr zu schelten, aber ein bißchen Grimm über Sie regt sich doch in meinem Herzen nach dem Schreck, daß es doch recht bös hätte werden können. Nun Ihr Gretchen schreibt, alles sei glatt abgelaufen und Sie seien ohne Fieber; wollen wir hoffen, daß es so weiter geht. Daß Sie sich nunmehr schonen und pflegen, brauche ich Ihnen wohl nicht mehr zu predigen, ich verlasse mich da fürs erste auf die Autorität des Krankenhauses. Sie, Ärmste, haben sicher nicht übel Schmerzen ausgestanden! Und ich kann leider nicht einen Finger für Sie rühren ... Ich hoffe bald wieder auf eine gute Nachricht von Fräulein Gretchen. Sie selbst sollen sich ganz still verhalten. Ich will mich auch für heute kurz fassen. Sie können um mich ganz ruhig sein, ich bin allright. Von Hannes Schwester habe ich einen lieben Brief mit verschiedenen interessanten Dokumenten von ihm und auch mit einigen Amateurbildern erhalten. Die Dokumente zeige ich Ihnen mal, wenn Sie wieder hier bei mir sind, ein Bildchen aber lege ich Ihnen hier gleich als Trost und Gruß bei; es bringt Ihnen wohl ein bißchen Freude.

An Ihr liebes Mütterchen und an Fräulein Gretchen richten Sie von mir tausend Dank für die Benachrichtigung aus; ich würde ihnen gern selbst schreiben, muß aber, wie Sie wissen, mit Briefen sparsam sein.

6 Mathilde lag nach einer Operation im St.-Hedwigs-Krankenhaus.

Also für heute nur noch viele Umarmungen für Sie und herzliche Grüße für die Ihrigen! Ihre R.

14. Januar 1918

Liebste Mathilde!

Nur ein kurzer Gruß, denn Sie sollen Ruhe haben und sich nicht anstrengen. Wie freute ich mich heute über den 2. Brief Ihres lieben Mütterchen! Er war mir eine große Beruhigung. [. . .] Bitte, fangen Sie nicht zu früh zu lesen an, schonen Sie sich. [. . .] Bei mir ist alles in Ordnung. Ich bin wieder ziemlich arbeitslustig, werde aber froh sein erst, wenn Sie das Krankenhaus verlassen. Ich grüße Sie tausendmal und umarme Sie herzlichst. [. . .] Ihre R.

17. Januar 1918

Meine liebste Mathilde!

Gestern erhielt ich Ihren ersten selbstgeschriebenen Gruß. Ich habe mich unendlich gefreut, obwohl mir Ihr Bericht sehr weh tat. Sie Ärmste, was müssen Sie für Schmerzen ausgestanden haben und noch ausstehen! Bitte, verhalten Sie sich doch ganz ruhig, das ist nach der Operation unbedingt notwendig! Und schreiben Sie nicht selbst, Sie sollen jede Anstrengung vermeiden. [. . .] Warum sind Ihre Nerven so aufgeregt? Seien Sie doch ruhig um alles und auch um mich; alles wird schon gut werden, sehen Sie nur zu, daß Sie bald gesund und munter sind! Ich umarme Sie tausendmal! Ihre R.

26. 1. 1918

Meine liebste Mathilde,
ich hatte soeben einen Brief geschrieben, als mir der Ihre v. 22. ausgehändigt wurde, aus dem ich ersehe, daß Sie schon heute nach Hause übersiedeln! Meine Freude darüber ist so groß, daß ich Sie durch einen Eilboten nach Ihrer glücklichen Heimkehr aus dem Krankenhaus begrüßen will. Das ging doch aber wunderbar schnell und schön! Sie sind eine in jeder Hinsicht tüchtige Person und wissen ebenso plötzlich zu genesen wie Sie sonst alles Gute rasch und entschlossen ausführen. [. . .] Ich umarme Sie vielmals und bin

Ihre R.

1. Februar 1918

Meine liebste Mathilde!
Ich habe mich gestern über Ihren Brief vom 28. herzlich gefreut. Ich sehe, Sie sind wieder frisch und munter und auch Luise hat mir inzwischen bestätigt, daß Sie blühend aussehen. Ob ich noch etwas davon zu sehen bekomme? Ich bitte Sie jedenfalls dringend, sich weiter ein wenig zu schonen und zu pflegen.
Über Korolenko ist einiges klarzustellen. Sie schreiben, ein Exemplar sei jetzt bei Luise, gleichzeitig schreibt mir aber Luise, sie hätte keines bekommen können, weil es bei – Martha sei. Das ist doch wohl ein Irrtum, denn Martha hat mir ja nicht ein Wort von diesem Wunsch geschrieben und ich weiß auch nicht, zu welchem Zweck sie's brauchen könnte. Ferner schreibt Luise, daß »der Rest des Manuskripts Schweigen sei, in das sich das Oberkommando hülle«. Ich verstehe kein Wort: Sie haben mir doch gesagt, Sie hätten den Schluß längst erhalten und sogar schon abgeschrieben! Was ist's also damit? Endlich schreibt Luise, Sie »verlangten« ein russisches Exemplar Korolenkos, ob ich's unbedingt brauche. Natürlich brauche ich keins und

halte es für völlig aussichtslos, sich darum zu bemühen, wie ich Ihnen auch gesagt habe. Woher sollte Luise ein solches auftreiben? [...] Sollte Luise ein Exemplar des Manuskripts schon bekommen haben, dann geben Sie, bitte, acht, daß sie es Ihnen, nachdem sie's gelesen, zurückgibt und es nicht etwa ohne mein Wissen weitergeht. – Um Kestenberg[7] zu befriedigen, habe ich mich übrigens entschlossen, auch noch die letzten 7 Bogen zu übersetzen und schicke Ihnen bald einen Teil. – Gestern erhielt ich keine Zeitungen aus Berlin, trage es aber mit Fassung ... Ich umarme Sie vielmals Ihre R.

7. Februar 1918

Meine liebste Mathilde,
ich freute mich sehr über Ihren Brief Nr. 1, den ich am 4. erhielt. Daß im letzten Paket weder eine Wurst noch ein Kuchen, noch auch der Zettel mit Inhaltsangabe zu finden war, habe ich Ihnen schon geschrieben[8]; reklamieren hat keinen Zweck; die Sachen bekomme ich doch nicht wieder und an der »Bestrafung der Schuldigen« liegt mir nichts. Die Moral von der Geschichte ist nur die: schickt mir keine Sachen im Paket, sondern nur durch Gelegenheit, die sich beim Besuch ergibt ... [...]
Heute ist wieder ein so schöner Frühlingstag, 6° Wärme am Mittag im Schatten. Ob Sie wenigstens jetzt in Ihrer Rekonvaleszenz jeden Tag ein wenig spazieren gehen? Bald wird es nötig sein, daß Sie in dem Botanischen nachsehen, ob sich schon was da regt. Und mein liebes Südender Feld! ... Ich suchte mir heute beim Spazieren auf dem gepflasterten Hof krampfhaft vorzustellen, daß ich dort im Feld bin und nach den ersten roten Taubnesseln suche, die oft schon im Februar hervorgucken.

7 Lektor des Paul Cassirer Verlages.
8 Lebensmittel wurden im Hungerjahr 1918 häufig gestohlen.

Schreiben Sie mir ehrlich, wie Sie sich jetzt fühlen; Kräfte haben Sie wohl noch wenig. Sie sollen nicht zu früh übermütig werden und keine großen Sprünge machen.
Ich schrieb neulich an den alten Herrn; er war so nett und hat mir das Stenogramm seiner Rede im Landtag geschickt. Ob man auch seiner Jungfernrede genügend Aufmerksamkeit im Freundeskreis erwiesen hat? Er ist empfindlich . . . Ich umarme Sie herzlichst [. . .] Ihre R.

NB. Ich erhielt eben Ihre Nr. 2 und bin ganz glücklich! Vielen Dank! In Sachen Korolenko schreibe ich an Kestenberg. Es ist wohl das beste, wenn *Sie* bei Mehring fragen, ob er schon das Manuskript für den Verleger geben kann. Sonst alles gut. Nochmals viele Küsse Ihre R.

Aus Mathilde Jacobs Bericht:

Eine Annehmlichkeit in Breslau war, daß die dortige Kommandantur den Schutzhaftgefangenen in Begleitung des zuständigen Aufsichtsbeamten ein bis zwei mehrstündige Ausfahrten im Monat gestattete. Rosa Luxemburg machte diese Spazierfahrten mit den sie besuchenden Freunden. Anfangs mußte sie sich an das Leben der Außenwelt erst wieder gewöhnen. Nach den ersten Ausflügen kam sie erschöpft ins Gefängnis zurück. Ihre Nerven waren so aufgeregt, daß sie nachts keinen Schlaf finden konnte. Nach und nach aber, besonders als nach dem unfreundlichen Winter 1917/18 der Frühling kam, machten ihr die Ausflüge Freude.

24. Februar 1918

Meine liebste Mathilde!

[. . .] Die Kolibris habe ich erhalten, im kleinen Karton zusammengedrückt, in Stücke gebrochen und ruiniert. Ich kann sie gleich rausschmeißen. Sie wären also auch den Weg der Mimi gegangen. – Bitte, teilen Sie Kestenberg mit, daß ich ihn ersuche, zur Vermeidung eines Kuddelmuddels mit Korolenko sich in allem, was die Sache betrifft, nur *direkt mit mir* zu verständigen. Die weiteren Bogen Manuskript müssen *Sie* ihm nach Bedarf liefern, teilen Sie das Luise mit. Ich hoffe, Sie haben die Korrekturen von Hans in Maschinenschrift eingefügt. – Vergessen Sie (und auch Ihre Cousine)[9] ja nicht den Geburtstag des alten Herrn am 27.!!

Ich umarme Sie [. . .] Ihre R.L.

28. Februar 1918

Liebste Mathilde!

[. . .] Ich habe vor einer Woche oder noch länger 96 Manuskriptseiten an Sie gerichtet, lassen Sie mich bitte, wissen, wann Sie sie erhalten.

[. . .] Seife habe ich von nirgends bekommen; natürlich muß man solche Sendungen jetzt als Wertpaket aufgeben [. . .] Ich umarme Sie vielmals Ihre R.

Sagen Sie Sonja nur vorläufig, daß ich die »Germaine Lacerteux« kenne. Um »Candide« bitte ich. Broodoorens genügt mir auch ungebunden.

9 Wohl Leo Jogiches.

19. März 1918

Meine liebste Mathilde!

Gestern erhielt ich Ihre N. 7 und freute mich herzlich. Ich habe Ihnen auch schon unerhört lange nicht geschrieben – 3 Wochen wohl! Heute nur schnell einen Gruß und das Wichtigste. Auf Ihren Besuch zu Ostern warte ich voller Sehnsucht; lassen Sie mich *sofort* wissen per Postkarte, ob Sie die Erlaubnis bekommen! Mein Urlaubsgesuch ist bereits abschlägig beschieden; bitte, lassen Sie Luise davon wissen. Auch meine Beschwerde ist vom Senat abgewiesen (ich habe das lange Schriftstück hier erhalten).[10] Hat man Ihnen schon mein Manuskript (Korolenko) ausgehändigt? (ich habe es, da ich die laufende Seitenzahl vergessen hatte, mit 500 wieder numeriert). Vom 1. 4. abonniere ich das Mitteilungsblatt[11] direkt, Sie brauchen es mir also nicht im April zu schicken; teilen Sie das, bitte, auch Mathilde W. mit, die es mir gleichfalls schickt. Eine Sendung mit Seife habe ich von keiner Seite erhalten, man sollte doch jetzt nur Wertpakete schicken, dann kommen sie an. – Auf »Candide« freue ich mich; hoffentlich kommt auch der »Reiche Mann« mit. – Die Bücher über türkische Agrarverhältnisse schicke ich entweder per Post oder warte damit, bis Sie kommen. Die »Aktion« würde ich Ihnen herzlich gern schicken, ich erhalte sie aber nicht! Man muß wohl abonnieren. – Bringen Sie mir zu Ostern meinen Sommerhut (nur frisch auflackieren und einen Bügel einsetzen; ich garniere ihn selbst!).

Viele herzliche Grüße an Ihr Mütterchen und Fräulein Gretchen.

Ich umarme Sie innigst R.

Für Sonja tausend Grüße und Dank für alles! Ich schreibe ihr nächstens. Ihre Bilder machen mir große Freude.

10 Siehe Seite 114ff. Auszüge aus der Beschwerdeabweisung folgen. R.L. schreibt darüber an Sonja Liebknecht: »Meine Beschwerde ist mit gründlicher Schilderung meiner Schlechtigkeit und Unverbesserlichkeit abgewiesen und ein Antrag wenigstens auf Urlaub desgleichen.«

11 Mitteilungsblatt der sozialdemokratischen Arbeitsgemeinschaft.

Beschluß
Auf die Beschwerden der Frau Dr. Rosa Luxemburg aus Berlin gegen die Anordnung der Verhaftung durch den stellvertretenden Kommandierenden General des V. Armeekorps und durch den Kommandanten der Festung Breslau hat das Reichsmilitärgericht, II. Senat, in der Sitzung vom 22. Februar 1918, an der teilgenommen haben [...] nach Anhören der Militäranwaltschaft beschlossen:
Die Beschwerden werden als unbegründet verworfen.
Die Sachlage rechtfertigt die Fortdauer der Haft.

Gründe
Die Beschwerdeführerin befindet sich seit dem 10. Juli 1916 in militärischer Sicherheitshaft, zuerst in Berlin, demnächst in Wronke und seit Ende Juli 1917 in Breslau. Auf Grund des Schutzhaftgesetzes vom 4. Dezember 1916 ist gegen sie zunächst von dem Oberbefehlshaber in den Marken am 21. Januar 1917, sodann von dem stellvertretenden Kommandierenden General des V. Armeekorps als örtlich zuständigen Militärbefehlshaber am 21. März 1917 Haftbefehl erlassen worden, der von letzterem am 21. April und 17. Juli 1917, von dem Kommandanten der Festung Breslau am 13. August, 25. Oktober 1917, zuletzt am 21. Januar 1918 erneuert worden ist. [...]
Die Beschwerden sind nicht für begründet befunden. [...]
Die Beschwerdeführerin steht der sogenannten Liebknechtgruppe nahe, in deren Sinne es nach einem von der Gruppe gegangenen politischen Briefe (Spartakusbrief 1a [...]) lag, unter Ablehnung der Verwirrungsphrase Landesverteidigung den außerparlamentarischen Burgfrieden auf Schritt und Tritt mit allen Mitteln der öffentlichen Fronde gegen die Fraktionsmehrheit zu zerstören, den Kampf gegen Krieg, Regierung und herrschende Gesellschaftsordnung rastlos zu führen und [...] unter Entfesselung der kühnsten Initiative immer neue revolutionäre Kräfte zu schaffen.
Der Förderung dieser Ziele dienten eine Reihe von schriftlichen Erzeugnissen, insbesondere von politischen, mit »Spartakus« unterzeichneten Briefen und Flugblättern, die trotz der scharfen Überwachung und Beschlagnahme in zahlreichen Stücken verbreitet wurden.
Daß die Beschwerdeführerin an der Abfassung und Verbreitung dieser

Schriften, insbesondere der bei ihr beschlagnahmten Flublätter mit den Überschriften »Hunger«, »Arbeiter und Arbeiterinnen«, »Was ist mit Liebknecht« [. . .] u. a. beteiligt war und daß sie nach Liebknechts Verhaftung am 1. Mai 1916 die Leitung der Spartakusbewegung fortgeführt hat, dafür fehlt ein hinreichender Beweis. Die vorliegenden Akten ergaben jedoch in tatsächlicher Bezeichnung nachfolgendes: [. . .]

Der Ausbruch des Krieges hat bei der Beschwerdeführerin eine Sinnesänderung nicht herbeigeführt. Sie hat während der Kriegsereignisse an den Anschauungen der Liebknechtgruppe unentwegt festgehalten. Dies ergibt sich in überzeugender Weise aus dem am 15. April 1915 ausgegebenen Heft 1 der »Monatsschrift für Praxis und Theorie des Marxismus: Die Internationale«. [. . .] In ihrem Aufsatz »Der Wiederaufbau der Internationale« schildert Frau Luxemburg den in der Geschichte aller Zeiten beispiellosen Zusammenbruch der Internationale bei Kriegsausbruch. Sie klagt, daß die Sozialdemokratie damals, als »das Wort zum Fleisch«, die Alternative Sozialismus oder Imperialismus aus einer geschichtlichen Tendenz zur politischen Situation geworden war, »kampflos dem Imperialismus den Sieg eingeräumt« und nicht bloß geschwiegen, sondern »ihr volles Gewicht *für* den Krieg in die Waagschale geworfen« habe. [. . .] Sie bekämpft dann die »offizielle Theorie«, die den Marxismus für den jeweiligen Hausbedarf der Parteiinstanzen zur Rechtfertigung ihrer Tagesgeschäfte nach Belieben mißbrauchte. Sie höhnt über die darin aufgestellten zwei Lebensregeln für das Proletariat: eine für den Frieden und eine für den Krieg; im Frieden gelte im Innern des Landes der Klassenkampf, nach außen die internationale Solidarität, im Kriege dagegen umgekehrt im Innern die Klassensolidarität, nach außen der Kampf zwischen den Arbeitern verschiedener Länder. Demgegenüber sucht sie den Nachweis zu führen, daß auch im Kriege der Klassenkampf das übermächtige Daseinsgesetz des Proletariats und die Proklamierung der Klassenharmonie an dessen Stelle durch die Parteiinstanzen ein Frevel wider die proletarischen Lebensinteressen sei. [. . .] Der erste Schritt sei die Aktion für die schnelle Beendigung des Krieges, wie für die Gestaltung des Friedens *nach dem gemeinsamen Interesse des internationalen Proletariats.* – Im Schlußabsatz beschäftigt sich die Verfasserin mit dem Weg zur Errei-

chung dieses Friedens. Der Friede sei nicht [...] durch Durchhalten mit Resolutionen und Ausklügeln von Friedensrezepten zu erlangen [...] Die rettende *Tat* zur Wiederherstellung des Friedens wie der Internationale könne nur von den sozialistischen Parteien der kriegführenden Länder ausgehen [...] Der Aufsatz schließt mit den Worten: »Die Internationale wie ein Frieden, der dem Interesse der proletarischen Sache entspricht, können nur aus der Selbstkritik des Proletariats geboren werden, aus seiner Besinnung auf die eigne Macht, jene Macht, die am 4. August wie ein schwankes Rohr vom Sturm gepeitscht knickte, die aber, zu ihrer wahren Größe aufgerichtet, geschichtlich berufen ist, tausendjährige Eichen des sozialen Unrechts zu brechen und Berge zu versetzen. Der Weg zu dieser Macht – nicht papierne Resolutionen – ist zugleich der Weg zum Frieden und zum Wiederaufbau der Internationale.« [...]
Wie die Erhebungen weiter ergeben haben, stand die Beschwerdeführerin mit Liebknecht, dessen politische Anschauungen sie teilte, in engen freundschaftlichen Beziehungen. Sie befand sich in seiner Nähe, als er am 1. Mai 1916 auf dem Potsdamer Platz zu Berlin bei der von ihm mitveranstalteten Massenkundgebung, die zu seiner Verurteilung wegen versuchten Kriegsverrats geführt hat, verhaftet wurde. Sie befand sich am andern Morgen bereits in dessen Wohnung, als die Kriminalbeamten zur Durchsuchung erschienen. [...] Ferner sind gelegentlich der bei ihrer Verhaftung am 10. Juli 1916 außer einer Anzahl verbotener Schriften und Flugblätter 4 Schriftstücke von Bedeutung aufgefunden worden. Zwei davon enthalten in Maschinenschrift einen Bericht aus Braunschweig vom 30. Juni 1916 über den Verlauf eines kurz zuvor dort veranstalteten Sympathiestreiks für den wegen Kriegsverrats verurteilten Liebknecht, an dem sich nahezu 6000 Arbeiter und Arbeiterinnen aus einer größeren Anzahl, auch für den Heeresbedarf liefernde Fabrikbetriebe beteiligt hatten. Die Unterschrift ist weggeschnitten. [...] Das vierte Schriftstück, der Teil eines Briefes, über dessen Herkunft und Inhalt Frau Luxemburg wie bei dem vorerwähnten Schreiben jede Auskunft verweigert hat, enthält ebenfalls Nachrichten über sozialistische Demonstrationen aus dem Monat Juni und Klage über das mangelhafte Eintreffen von »Materialsendungen«. [...]

Alle diese Tatsachen zusammengenommen rechtfertigen den dringenden Verdacht, daß die Beschwerdeführerin gewillt ist, für die Verwirklichung ihrer politischen Anschauungen und Ziele, insbesondere für die *Erzwingung* eines Friedens durch Aufreizung der Volksmassen ohne jede Rücksicht auf vaterländische Interessen, *tatkräftig* mit allen ihr zu Gebote stehenden Mitteln *einzutreten*. Damit bildet sie in gegenwärtiger Zeit – und zwar, nachdem dies landesverräterische Treiben neuerdings in Straßenkundgebungen und in umfangreicher Arbeitsniederlegung von Arbeitern der Rüstungsindustrie stärker hervorgetreten ist – in erhöhtem Maße eine Gefahr für die Sicherheit des Reichs. Die Gefahr ist um so größer, als Frau Dr. Luxemburg für eine gewandte, erfahrene und besonders einflußreiche Agitatorin gilt, und nach den Akten während der Dauer ihrer seitherigen Haft irgend welche Zeichen für die Absicht künftiger Mäßigung nicht hervorgetreten sind. Dieser von ihr drohenden Gefahr kann nur durch die angeordnete Sicherheitshaft und deren Fortdauer wirksam begegnet werden.
Daher waren ihre Beschwerden als unbegründet zu verwerfen (Par. 1.3. Gesetz vom 4. Dezember 1916) und zugleich hinsichtlich der Haftfortdauer gemäß Par. 5 II a. O., wie geschehen, zu beschließen.

Gez. von Pestel gez. Mühlberger
Lempp Kleberger[13]
Klamroth[12] Schlott
Rotermund[14]

13. April 1918

Liebste Mathilde!
Vielen Dank für Ihren Brief vom 7. und Karte vom 11.! Ich habe auch meinerseits ein Gesuch eingereicht. Hoffentlich fruchtet es was! Den weißen Hut lassen Sie vielleicht ein bißchen garnieren (mit denselben Rosen); bringen Sie, bitte, den Galsworthy mit, alle drei Bände, wenn möglich, ja? – Sonja hat

12 Militärische Richter.
13 Reichsmilitärgerichtsräte.
14 Oberkriegs- und Kriegsgerichtsräte.

mir geschrieben, aber ganz verzweifelt. – Heute erhielt ich auch wieder eine »Aktion«, besten Dank! Alles andere hoffentlich bald mündlich. Ich umarme Sie [. . .] Ihre R.

Aus Mathilde Jacobs Bericht:

Nachdem ich alles Nötige für Leo Jogiches[15] in die Wege geleitet hatte, reiste ich zu Rosa Luxemburg, die mich ungeduldig erwartet hatte. So sehr sie um Leo Jogiches während seiner illegalen Tätigkeit gezittert hatte, so ruhig nahm sie, wie das ihre Art war, das Unabänderliche auf. Nur verbat sie sich jede weitere Zuwendung von Lebensmitteln durch mich. Sie sei in Breslau gut verpflegt, ich müsse jetzt für Jogiches sorgen. »Du[16] weißt doch«, sagte sie, »daß das Essen in den Gefängnissen ungenießbar ist, und Leo fast ausschließlich von dem lebt, was Du hineingibst. Bitte, sage mir, was Du ihm bringst.« Ich zählte auf. »Ich merke schon, Du machst Deine Sache gut. Habe ich auch nicht anders von Dir erwartet.« – Ich mußte meine Sache sieben Monate hindurch gut machen.
Es war rührend, wenn Rosa Luxemburg mir bei jedem Besuch irgendeine Kleinigkeit für Leo Jogiches mitgab, die sie sich entweder abgespart oder in Breslau durch Frau Schlich hatte auftreiben lassen. Auch für Zigaretten sorgte sie, denn Leo Jogiches war ein leidenschaftlicher Raucher. Ganz ihrer Art entsprach es, als sie mir vorschlug, ihre Laken verarbeiten zu lassen, falls Jogiches Wäsche benötigte, was allerdings nicht der Fall war.

15 Jogiches war jetzt verhaftet und vom Polizeigefängnis ins Moabiter Untersuchungsgefängnis übergeführt worden, wo Mathilde unbekannt war, so daß sie ihn versorgen konnte und mit politischen Nachrichten versehen, für die Jogiches immer neue Arten des Schmuggelns erfand.
16 Mathilde und R.L. haben sich zu dieser Zeit offenbar geduzt und nur vor den Behörden das zu Mathildes Stellung als Sekretärin passende ›Sie‹ aufrechterhalten.

28. April 1918

Liebste Mathilde!

Es ist sehr leer und einsam, nachdem Sie plötzlich verschwanden. Ich warte ungeduldig auf Nachricht. Sie Unverbesserliche: die prachtvollen Geranien! ... Das war eine große Überraschung. Die botanischen Büchlein (Schuhmacher) brauchen Sie *nicht* zu schicken. Kuß und Gruß Ihre R.

6. Mai 1918

Liebste Mathilde!

Endlich kam heute eine Nachricht von Ihnen! Ich hatte schon so sehr darauf gewartet. Es war nichts Bestimmtes, worauf ich wartete, nur die allgemeine Unruhe, die sich meiner namentlich um diese Zeit zu bemächtigen pflegt. Es ist überhaupt im Sommer bei den langen Tagen im Gefängnis viel schwerer als im Winter. Auch von Klara habe ich auffallend lange kein Lebenszeichen, ich befürchte immer was Schreckliches für sie: ihr älterer Junge ist ja an der Front ...

Jetzt möchte ich eilig um eine kleine Buchbestellung bitten: Prof. Dr. Adolf Wagner: »Die Lebensgeheimnisse der Pflanze«, Verlag Theodor Thomas. Vielleicht können Sie mir das noch vor Ihrer Pfingstreise besorgen.

Wenn das Wetter weiter so dauert, werden Sie herrliche Feiertage haben, vergessen Sie nicht, mir gelegentlich ein paar selbstgesammelte Pflänzlein zu schicken; allerdings kommt hier alles bei dem langen Umweg welk an. Merkwürdig: ich bekomme die Briefe *nie* am andern Tag nach der Visierung, sondern erst nach zwei oder drei Tagen. Ich umarme Sie und grüße herzlichst Ihr Mütterlein und Fräulein Gretchen Ihre R.

10. Mai 1918

Meine liebste Mathilde!

Ich erwarte Ihren versprochenen ausführlichen Brief. Hier möchte ich Ihnen viel Vergnügen zu Ihrer Reise wünschen. Wenn Sie mir von unterwegs mal Blumen zum Botanisieren schicken wollen, dann adressieren Sie direkt hier ins Gefängnis und schreiben obenauf deutlich: »Blumen«, das wird man mir vielleicht gleich aushändigen. Ich umarme Sie vielmals und grüße herzlich die Ihrigen

Ihre R.L.

Vielen Dank für Hamanns Buch, das ich mit Interesse lese.

14. Mai 1918

Meine liebste Mathilde!

Endlich habe ich also Nachricht von Ihnen! Vielen Dank dafür, denn nun bin ich ein wenig beruhigt. Heute will ich Ihnen hauptsächlich zum Pfingstfest einige Zeilen mit einem warmen Gruß und vielen Wünschen senden. Ich bin ganz glücklich, daß Sie bald wieder zu mir kommen wollen. Wenn es also bei Ihnen geht, hoffe ich auf die erste Hälfte des Juni. Da ich im Mai keinen Besuch habe, werden Sie mich wohl im Juni mindestens vier Mal sehen dürfen, aber, bitte, ersuchen Sie um entsprechende Erlaubnis (sowohl wie für einen eventuellen Ausgang) gleich von Berlin aus schriftlich, damit Sie hier nicht mehr auf der Kommandantur vorzusprechen brauchen, denn das ist mir peinlich. Alles soll lieber glatt erledigt sein, bevor Sie herkommen, dann bin ich ruhig und wir wissen, woran wir sind.

Sie werden heuer vom Pfingstfest ungefähr so viel haben wie ich, Sie Ärmste, so überarbeitet und abgehetzt! Und doch möchte ich, daß Sie mir das Geschenk machen und wenigstens einmal für zwei Stunden ins Feld gehen, spazieren und Blumen pflücken! Eine solche kleine Pause wäre Ihnen so nötig, Ge-

danken und Sinne zu sammeln! Ich würde mich so freuen. Könnten Sie nicht mir irgendjemand, z. B. mit Sonja, mal nach Lichtenfelde fahren? Überlegen Sie, ob sich das nicht doch mal zu Pfingsten machen ließe!
Meine Nerven sind in letzter Zeit ein wenig kaputt, ich schlafe miserabel, lasse es mir aber äußerlich nicht anmerken. Dieser Zustand wird sich wohl auch mit der Zeit geben.
Ich sandte Ihnen meinen Guizot. Bitte, besorgen Sie aber auch einen geographischen Atlas dazu, denn Geschichte ohne Atlanten lesen ist ein Unding. Marie borgte bei mir immer den Diercke, ich wollte ihn Ihnen gleich mitschicken, aber er ist so riesig schwer. Wenn Sie keinen sonst beschaffen, gebe ich ihn Ihnen mit, wenn Sie hier sind.
Haben Sie den Schluß meines Manuskriptes noch nicht erhalten? [...]
Nun, meine liebste Mathilde, fröhliches Pfingstfest und tausend Grüße, auch für Ihr Mütterchen und Fräulein Gretchen.
Ich umarme Sie Ihre R.L.

Bitte, sagen Sie der Paula, sie soll, wenn sie mir Blümchen schickt, direkt ins Gefängnis adressieren und darauf schreiben »Blumen«. Über die Kommandantur kommen sie ganz welk an.

21. Mai 1918

Liebste Mathilde!
Haben Sie tausend Dank für den herrlichen Maréchal de Niel-Strauß, der mir pünktlich mit Ihrem Pfingsgruß zum ersten Feiertag überbracht wurde. Ich bat so viele Mal, nicht so schreckliche Verschwendung zu treiben, aber Sie sind unverbesserlich! Natürlich freute ich mich herzlich, aber ein kleines Sträußchen Vergißmeinnicht, das nicht so viel gekostet hätte, wäre mir auch lieb gewesen.

Heute kam Ihr Brief vom 18. Ich freue mich auch schon unaussprechlich auf Ihr Kommen! Den Tag bestimmen Sie natürlich ganz nach Belieben. Ich mache mir solche Vorwürfe, daß ich Ihnen zu Pfingsten auch nicht das Geringste zum Gruß gesandt habe. Aber mir kam erst heute in den Sinn, daß ich wenigstens ein Büchlein schicken konnte; ich schicke es heute noch per Eilboten, nehmen Sie damit fürlieb. Es ist eine Übersetzung eines alten französischen Sonettbüchleins durch Rainer Maria Rilke; die Übersetzung ist meisterhaft, der Text beigegeben, hoffentlich haben Sie ein wenig Freude daran.
Weshalb ich den Brief eilig schicke, ist eine kleine Bitte: Könnten Sie mir nicht rasch den Panamahut zukommen lassen? Hier brennt die Sonne im Hof so unbarmherzig den ganzen Tag, daß ich bei meinem Spaziergang ganz geblendet bin.
Ich warte nun auf Ihren Bericht vom Pfingstausflug. Ihre Pelargonien blühen in meinem Zellenfenster herrlich und alle bewundern sie; ich pflege sie auch wie meinen Augapfel.
Ich umarme Sie und grüße herzlich die Ihrigen Ihre R.L.

Könnten Sie mir vielleicht ein paar graue Sommerhandschuhe (Zwirn) mitbringen?

28. Mai 1918

Meine liebste Mathilde!
Ich erhielt gestern Ihren Brief, der mich nach so langem Warten sehr erfreut hat, dann kam Nachmittag auch gleich die süße Sendung wohlbehalten an. Daß ich auch früher die Schachtel mit den kleinen Kuchen pünktlich erhalten habe, erwähnte ich schon mal in einem Briefe, Sie haben es wohl nicht beachtet. Aber bitte nochmals *dringend*: keine Eßsachen mehr schicken oder bringen! Sie müssen meine Bitte respektieren. *Ich brauche garnichts,* geben Sie alles anderen, die es eher brauchen, oder

Ihrem Mütterchen von mir, das wird mir wirkliche Freude sein. [...] Für heute nur noch viele herzliche Grüße, auch an die Ihrigen,
Ihre R.L.

3. Juni 1918

Meine liebste Mathilde!
Ich habe jetzt solches Bedürfnis, Ihre Nähe zu fühlen, Sie wenigstens brieflich zu sprechen.
Wie wenn sich alle verschworen hätten, flogen mir in der vergangenen Woche nahrhafte Sendungen zu: von Ihnen, von Mathilde Wurm und noch eine Bonbonschachtel von Rhein. Bitte, schaffen Sie das für die Zukunft ab, ich habe ja ein Dutzend Mal erklärt, daß ich nichts brauche. Danken Sie Rosi[17] in meinem Namen und sie soll's für die Folge lassen. Das Häslein von Albrecht Dürer, das sie mitschickte, hat mich als alte Bekanntschaft erfreut.
Was treiben Sie nun, wie geht es Ihnen? Mich peinigt so der Gedanke, daß Sie sich immer noch abhetzen und eigentlich noch nicht aus dem Nachholen der Lücke herausgekommen sind, die Ihr Aprilbesuch bei mir in Ihren Pflichtenkreis gerissen hat! Denken Sie diesmal ja nicht an ein Kommen, ehe Sie mit *allem*, was Sie zu erledigen haben, hübsch in Ordnung sind, sonst haben wir keine innere Ruhe, um die Freude des Wiedersehens und des Ausgangs zu genießen. Wenigstens bin ich's bei meinem jetzigen Nervenzustand nicht fähig. Ich muß erst hören, daß Sie wieder in ein menschliches Tempo des Lebens gekommen sind, daß Sie für einen Spaziergang im Freien, für ein vernünftiges Buch eine Stunde finden, dann verabreden wir, wann Sie herkommen.
Haben Sie auch diese Kälte seit einigen Tagen? Es ist so un-

17 Rose Wolffstein-Frölich.

freundlich! Trotz der Kälte ruft jeden Abend um ½9 aus der Ferne der Kuckuck, so auch jetzt wieder, während ich schreibe.
Die braune Taube, die ich hier im Winter in meiner Zelle pflegte, als sie krank war[18], erinnert sich doch wohl meiner »Wohltaten«: sie hat mich einmal in dem Hof, wo ich nachmittags spazieren gehe, entdeckt und wartet nun jeden Tag pünktlich auf mich, sitzt neben mir aufgeplustert auf dem Kies und läuft mir nach, wenn ich eine Runde mache. Das ist drollig zu sehen, diese schweigsame Freundschaft. Meine liebste Mathilde, ich umarme Sie vielmals [. . .] Ihre R.L.

Aus Mathilde Jacobs Bericht:

Band fand die Taube auch das Fenster wieder; da es fast stets geöffnet war, schlüpfte sie in die Zelle. Diese Besuche wiederholten sich und fanden schließlich täglich statt. Auch Gefährtinnen wurden »eingeführt«, und die Versorgung der Tierchen bereitete Rosa viel Freude.
Rosa gab auch das damals im Hungerjahr so rare Weißbrot einer Ziege, die sie auf dem Wege zum Zahnarzt entdeckt hatte. So oft sie diesen Weg ging, versäumte sie nie, das Tier zu füttern. Ihre Tierfreundschaften waren von großer Innigkeit. Sie hatte sogar einmal ein Kaninchen in der Wohnung gehalten und einen erbitterten Kampf mit den Hausbewohnern seinetwegen geführt, die sich beklagten, es röche schlecht und mache viel Lärm; beide Eigenschaften wollte seine Besitzerin nie bemerkt haben. Erst als der Hausbesitzer sie vor die Wahl stellte, die Wohnung zu räumen oder das Kaninchen abzuschaffen, ent-

18 Die Taube hatte einen verletzten Flügel gehabt.

schloß sie sich, das Tier wegzugeben. Ersatz wurde dann in der Katze Mimi gefunden.

11. Juli 1918

Meine liebste Mathilde!
Ich habe schon so lange kein Lebenszeichen von Ihnen, daß ich unruhig werde. Wie geben Sie sich bloß Rat ohne Mädchen?! Ich begreife, daß Sie jetzt nicht viel schreiben können, aber bitte zu meiner Beruhigung nur eine Zeile! Noch eins: wenn es Ihnen möglich ist, schicken Sie mir baldigst per Post (in einem Karton) mein gelbes Seidenkleid. Ich habe zum Ausgehen jetzt wirklich nichts als das weiße, und das kann man doch nicht immer tragen. [. . .] – Tausend Grüße in Eile Ihre R.

19. Juli 1918

Meine liebste Mathilde!
[. . .] Es bleibt also schon dabei, wie wir abgemacht haben, Medi[19] kann mich noch in diesem Monat auf der Rückfahrt sehen, im *August* aber *Sie*, verehrtes Fräulein, wenn Sie zu Ihrer Sommerfrische fahren. Bitte, also keine Umsturzpläne mehr. Sie wissen, wieviel wir jedes Mal an praktischen Nöten zu besprechen haben und wie unentbehrlich es für mich ist, daß ich Sie wenigstens einmal in zwei Monaten sehe. [. . .] Lassen Sie sich's gut gehen und seien Sie mir herzlich umarmt! Ihre R.

19 Diefenbachs Schwester gem. Auskunft von Rose Frölich.

9. August 1918

Meine liebste Mathilde!

Medi ist also am Mittwoch früh fort; wir hatten noch vorher zwei wunderschöne Spaziergänge gemacht, eine Menge Blumen gepflückt, die jetzt noch bei mir im Wasser stehen, unterwegs ein winziges schwarzes Kaninchen gesehen, das direkt auf uns zugelaufen kam und sich abküssen ließ, im Botanischen Garten zwei Kröten gesehen, die Ziege gefüttert, kurz es war großartig. Wenn Sie hier sind, müssen wir wieder in den Botanischen gehen. Wann wird das sein? [. . .]

Sie haben mir den Empfang der Bücher aus der Königl. Bibliothek nicht bestätigt, ich schickte sie eingeschrieben. Jetzt sende ich wieder die Korolenko-Bücher eingeschr. mit Dank zurück. [. . .] Ich habe Sehnsucht. Ich umarme Sie vielmals Ihre R.L.

14. August 1918
Mittwoch

Liebste Mathilde,

ich bin schon so lange ohne Nachricht von Ihnen, daß ich viel Sehnsucht und ein bißchen Unruhe habe. Wie geht es Ihnen? Sind Sie noch immer so furchtbar beschäftigt? Ich schrieb freilich selbst seit langem nicht, aber ich war wirklich nicht in Stimmung. Jetzt bin ich wieder frischer und hoffe, arbeiten zu können, dann ist alles gut. [. . .]

Meine liebste Mathilde, Sie haben noch ein Buch von mir: Ruemelin über Shakespeare. Ich gab es Ihnen einmal hier zum Lesen. Bitte schicken oder bringen Sie's mir gelegentlich mit.

Kommen Sie überhaupt zum Lesen oder Spazieren in der letzten Zeit? Bitte *bald* um einen guten Brief! Ich umarme Sie vielmals Ihre R.L.

Anbei ein Federchen von einer meiner Tauben, die in meiner Zelle herumspazieren.

[Das Federchen liegt noch in dem Brief.]

20. August 1918

Meine liebste Mathilde!

Vielen Dank für Ihren Brief, der mich doch sehr beruhigt hat. Ich füge mich nun Ihren Ferienplänen, freue mich unglaublich auf Ihren Besuch, möchte Sie aber dringend bitten, sich auf jeden Fall noch nicht *definitiv* auf Ullersdorf festzulegen. [. . .] Es liegt mir doch sehr daran, daß Sie eine anständige Verpflegung haben. [. . .] –

Nun warte ich geduldig auf definitive Antwort von Ihrem Kommen. Ich werde Ihnen, da Sie jetzt im Bureau freier sind, eins oder zwei kleine Büchlein als Erholungslektüre schicken; vielleicht heute noch. Eventuell können Sie's als Reiselektüre gebrauchen! Ich will was Nettes aussuchen, was Sie gern haben.

Tausend Grüße in Eile Ihre R.L.

Aus Mathilde Jacobs Bericht:

Im August und September machte ich meine letzten Gefängnisbesuche bei Rosa Luxemburg. Wir waren übereingekommen, daß ich einen Ort zu meiner Erholung wählen sollte, bei dem ich auf der Hin- und Rückreise Breslau berühren konnte. Rosa hatte sich bemüht, einen passenden Erholungsort für mich zu erkunden. Sie hatte bei ihrer Umgebung Nachfrage gehalten und von den Gefängnisaufseherinnen erfahren, daß diese meist in das von Breslau leicht zu erreichende Glatzer Gebirge führen. Ich fuhr also über Breslau ins Glatzer Land.

Für den ersten Besuch auf der Hinreise hatte ich mir eine kleine List ausgedacht. Ohne vorher auf die Kommandantur zu gehen, ging ich sogleich ins Gefängnis und sagte zu der diensttuenden Aufseherin, ich wolle kurz mit Frau Luxemburg sprechen, für wann sie die Besuche und Ausfahrten haben möchte.

Der Trick gelang, die Aufseherin holte Rosa auf den Hof hinunter, die mich stürmisch umarmte. Sie sei gerade in so niedergedrückter Stimmung gewesen, von der habe diese freudige Überraschung sie nun befreit. Wie viel größer war ihre Freude, als sie später in der Zelle die erste während des Krieges nach Deutschland gelangte Schrift von Leo Trotzki fand: »Von der Oktoberrevolution bis Brest Litowsk«.[20] Ich hatte sie in eine unverfängliche Zeitung gelegt; und diese Zeitung bat ich beim Fortgehen, Rosa Luxemburg überlassen zu dürfen, was die Aufseherin erlaubte.
Nach einigen Ausfahrten mit unserer Gefangenen reiste ich ins Gebirge. Seitdem sich meine Gedanken fast ausschließlich bei Rosa Luxemburg befanden, hatte ich mir angewöhnt, allein zu reisen. Da ich ihr fast täglich Geheimbriefe schrieb, war das Alleinsein eine notwendige Vorsicht.
Aus jenen Tagen ist ein Bericht der Vernichtung entgangen, den Paul Levi – an Stelle des verhafteten Jogiches – mir zur geheimen Weiterbeförderung an Rosa Luxemburg diktiert hatte, ein Bericht über die Lage im Heer und den Betrieben kurz vor Ausbruch der Novemberrevolution, also über die nun entscheidenden Fragen:

»Ich gebe Ihnen einige Nachrichten ohne weiteren Zusammenhang, nur in der Reihenfolge, in der ich sie mir notiert habe:
1) Zum Zeichen der Stimmung in den Heeresteilen ist von Bedeutung die Nachricht: Am Freitag sollte von der Flotte ein großer Schlag gegen England geführt werden. Die Flotte fuhr aus, aber nach einiger Zeit unverrichteter Sache wieder zurück, da die gesamte Flotte meuterte. Man sagt, daß die Scheidemänner die Angelegenheit schon in die Hand genommen hätten und zu dämpfen versuchten. Näheres weiß ich

20 Seit Anwesenheit der russischen Botschaft in Berlin – die Mathilde zuweilen aufsuchte – gelangten auch Schriften von Lenin und Trotzki in deutscher Sprache nach Deutschland.

selbst noch nicht. – In der Armee soll die Stimmung glänzend sein. Lekk [Karl Liebknecht] erzählte mir heute früh[21] so beispielsweise, daß in den einzelnen Garderegimentern Elite-Bataillone gebildet würden, aus denen alle Berliner und überhaupt alle Großstädter entfernt würden. Nach den Gewährsmännern von Lekk sei auch die Stimmung so, daß es ausgeschlossen sei, daß auch diese Elitebataillone auf das Volk schießen. Wahrscheinlich sei eine Fraternisierung.
2) Weniger erfreulich ist die Situation in der Arbeiterschaft oder in dem, was sich als Vertretung der Arbeiterschaft bezeichnet. Samstag Abend tagte der Arbeiterrat und lehnte mit 19 gegen 23 Stimmen die für Montag angesetzte Aktion mit Demonstration ab. Der Beschluß wirkte auf unsere Leute furchtbar deprimierend. Wir beschlossen Sonntag, da uns ja augenblicklich jeder Mechanismus fehlt, der selbständig Massen in Bewegung setzen könnte, auf eine Ausgestaltung dieses Arbeiterrats zu drängen, insofern als dieser Arbeiterrat im wesentlichen besteht aus der verärgerten Opposition des Metallarbeiterverbandes und sonst niemandem. Die Freunde, die die hiesige Bewegung besser kennen, behaupten, daß das einige Aussichten böte. Lekk war gestern mit Vertrauensmännern den ganzen Tag beisammen bei fortdauernden Konferenzen im Gewerkschaftshaus, und er kam, so deprimiert er gestern war, so hoffnungsvoll heute an: die Stimmung sei eine total andere und die Leute seien bereit. Der Arbeiterausschuß, das ist, glaube ich, wenn ich recht verstanden habe, die nächste Erweiterung des Arbeiterrats, tagt in Permanenz, so daß jeden Augenblick Entschlüsse gefaßt werden können und Mittwoch soll nochmals der ganze Vertrauensmännerkörper zusammentreten und wird evtl. neue Beschlüsse fassen. Nach meinen Erfahrungen ist die Stimmung glänzend. Ich war dieser Tage in Süddeutschland in Versammlungen, wo die Stimmung hervorragend war, obgleich der Redner Vogtherr verdient, an den Beinen aufgehängt zu werden. Er geht jetzt mit Wilson

21 Mathilde Jacob muß den Zeitpunkt dieses Berichts verwechselt haben, da Karl Liebknecht erst am 23. Oktober 1918 aus dem Zuchthaus Luckau durch Amnestie befreit wurde; dadurch wird aber der Bericht nicht weniger interessant. Er beweist, wie R.L. *bis zum letzten Augenblick* vor ihrer Befreiung aus dem Gefängnis (als Schutzhäftling fiel sie nicht unter die Amnestie) durch ihre politischen Freunde orientiert wurde.

hausieren, wie er früher mit Marx und KK *[Karl Kautsky]* tat. Von der neuesten Demonstration in Stuttgart werden Sie wohl in der Vossischen gelesen haben. Was mir das Wertvollste an der Demonstration zu sein scheint, ist, daß sie ganz spontan entstanden zu sein scheint. Denn Donnerstag war ich noch in Stuttgart und es war da nichts davon bekannt und auch nichts beabsichtigt. Der Daimlerbetrieb soll vollständig in unseren Händen sein, und nach diesen neuesten Nachrichten scheint es bei Bosch nicht anders zu sein. [. . .]
Es sind für die nächste Zeit, weil die Fragen nunmehr aktuell werden, m. E. folgende Punkte zu erörtern: Militärfrage und Frage der Volksbewaffnung; Frage ob Sowjets oder Konstituante, Frage der Diktatur des Proletariats. Die Bewaffnung der Berliner Arbeiterschaft sei in der letzten Zeit erheblich günstiger. Es sind Waffen besorgt worden, etwa 2500. – Gebot der Stunde Nr. 1 ist erschienen. Ich habe es noch nicht zu Gesicht bekommen. Schadewachten *[Wilhelm Pieck, weil er dort in Steglitz wohnte]* ist und bleibt jetzt hier. In Duisburg sind Verhaftungen vorgekommen. Ich fahre Donnerstag hin und will mich dort umsehen.

12. September 1918

Meine liebste Mathilde!
Heute erhielt ich Ihr zweites Brieflein *[aus Schreckendorf]* und freute mich herzlich, ebenso wie über das Schächtelchen Blumen, die heute hier eingetroffen sind. Ich sehe, daß Sie wohlauf und guter Laune sind und da hoffe ich stark, daß Sie sich dort schön erholen werden. Es ist famos, daß die Gegend Ihnen so gut gefällt, ich erwartete, um die Wahrheit zu sagen, nichts besonderes, da der Ort garnicht hoch liegt (etwa über 300 m) und nicht »berühmt« ist. Aber hier wie sonst liegt es doch in der Hauptsache an dem Menschen selbst, ob er das Schöne herausfindet oder nicht. Wenn Sie nur mehr Sonne hätten! Ich blicke jetzt jeden Morgen beim Aufstehen mit Sorgen hinaus, bei Gedanken an Sie; sonst ist mir ja das Wetter hier ziemlich gleichgültig, aber jetzt kränkt mich das ausgiebige Regenwetter per-

sönlich. Hoffentlich sind Sie tapfer und gehen bei jedem Wetter – außer bei strömendem Regen – aus. So mache ich es nämlich stets, wenn ich »auf freiem Fuß« bin. [. . .]
Unter den heute eingetroffenen Blümchen waren weder Skabiosen noch Pechnelken, ich denke, Sie haben sich vielleicht geirrt und die violetten: *Flockenblumen* für Skabiosen gehalten. Dann ist noch eine Menge wunderhübscher *Wiesenknöpfe* dabei, die so tief blutrot sind (auf latein heißen sie Sanguisorba); die weißen Blümchen sind *Augentrost* (Euphrasia); die goldgelben mit rotem Anhauch sind *Hornklee*; die zwei Fruchtdolden können Pastinak oder etwas Verwandtes sein; vergessen Sie nie, das *Blatt* mitzuschicken, das erleichtert sehr die Bestimmung. Die rötliche Schafgarbe ist doch sehr hübsch und die Hagebutten reizend (eine Blüte war natürlich nicht dabei). Ein Pomeranzen-Habichtskraut (so lebhaft safranrot) finde ich auch und – bitte sehr um Verzeihung – auch eine Skabiose, aber schon so zerfallen, daß ich sie erst nicht bemerkt hatte. Einige Wegeriche, Knäuelgräser und winzige Vergißmeinnicht, das ist, glaub' ich, das ganze Inventar.
Ob Sie sich mit den Pechnelken nicht geirrt haben? . . . Jedenfalls nochmals vielen Dank für alles, ich warte auf weitere Gaben und Nachrichten, sie machen mich jedesmal für einige Tage froh. Ich umarme Sie vielmals Ihre R.L.

Ich war jetzt ein paar Tage bettlägerig, da kamen die Tauben zu mir aufs Bett! Ist das nicht unerhört?

16. September 1918

Meine liebste Mathilde!
Heute ist ein so prächtiger Tag, ich denke daran, wie Sie heute in der Sonne braten und in der schönen Gegend herumstreifen, und das macht mich froh. Eben sind Ihre Blümchen angekom-

men: alles ganz frisch! Flockenblumen, Kornblumen, ein violetter Beinwell, eine prachtvolle Königskerze (die gelben Sternchen am dicken Stock), ein Weidenröschen, viele schöne Gräslein, weißer Klee, zwei rosa Knöteriche. Ich habe sie gleich in gewärmtes Wasser gestellt, da werden sie schön aufgehen. Auch von der Frau Schlich habe ich einen schönen Strauß roter und blauer Astern bekommen. [...] Können Sie immer noch nicht schlafen? Ich hoffe, daß Sie sich jetzt bei der schönen Sonne einmal müde laufen und darauf gut schlafen. Essen Sie soviel wie möglich!
Tausend Grüße! Ich umarme Sie Ihre R.

18. September 1918

Meine liebe Mathilde,
heute erhielt ich Ihr Brieflein vom Sonntag, auch die Blümchen schon vorgestern, wofür vielen Dank! Die eine violette Blume, die Sie nicht kannten, heißt – wie ich schon in der Karte schrieb – *Beinwell*, das weiße Blümchen mit grünlichen Streifen, nach dem Sie fragen, ist das *Sumpfherzblatt*, in Österreich Studentenröschen genannt, auf latein Parnassia palustris. Ich habe mich über diese Sendung sehr gefreut, denn das Sumpfherzblatt ist kein alltäglicher Fund, in Deutschland habe ich es eigentlich noch nie gepflückt, dafür in der Schweiz am Genfer See, auf feuchten Wiesen, des öfteren. Wenn Sie es wieder finden, dann bitte darum, aber, aber! Ich muß sie wieder ermahnen, beim Pflücken nie die *Blätter* zu vergessen, namentlich die Grundblätter; in diesem Fall hätte Ihnen deren Form schon den Namen des Pflänzchens verraten. Das gelbe Blutwurz prangt schon längst in meinem Herbarium, schönsten Dank!
[...] Ich habe das deutliche Gefühl, daß Ihre ernstliche Erholung noch weit im Felde ist; zu früh abgebrochen, wird sie in kürzester Zeit jede Wirkung versagen. Bitte, seien Sie mal (!)

vernünftig, geben Sie Ihrem Herzen einen Stoß und legen Sie noch einige Tage zu! Ich würde mich unendlich freuen! Schreiben Sie mir auf jeden Fall bald, wie Sie sich entschlossen haben und bis wann Sie von Nachrichten in Schreckendorf zu erreichen sind.
Hier herrscht seit Montag Hochsommertemperatur. Heute abend war es sogar so schwül, daß ich ein kleines Gewitter erwartete. Obwohl ich die Hitze sonst verwünsche, da sie die scheußlichen Übelgerüche um das Gefängnis herum noch verstärkt, segne ich sie diesmal jeden Tag in Gedanken an Sie und Ihr geliebtes Faulenzen in der Sonne. Ich wünsche mir auch noch ein Restchen dieses Wetters für die Tage, die Sie mir hier auf dem Rückweg schenken wollen.
Auf ein baldiges neues Brieflein! Ich umarme Sie vielmals

Ihre R.L.

Aus Mathilde Jacobs Bericht:

Bei meiner Rückreise machte ich, wie verabredet, in Breslau Station und ging ins Gefängnis. Von einem Fenster aus sah ich Rosa Luxemburg im »Küchengarten« auf- und abgehen. Ich rief ihr zu: »Hast Du die heutige Zeitung gelesen?« – »Ja«, lachte sie herauf, »sie hat mich erfrischt.«
Die Zeitungen waren voll von Anzeichen des Zusammenbruchs.

[Zu dieser Zeit schrieb Rosa Luxemburg an ihrer letzten größeren Arbeit im Gefängnis – 108 Schulheftseiten lang, Arbeitsdauer zwei Monate –, der Broschüre »DIE RUSSISCHE REVOLUTION«[22]*, in der die berühmt gewordenen Sätze stehen]:*

»Freiheit nur für die Anhänger der Regierung, nur für Mitglieder einer Partei – mögen sie noch so zahlreich sein, ist keine Freiheit. Freiheit ist immer nur die Freiheit des anders Denkenden. Nicht wegen des Fanatismus der ›Gerechtigkeit‹, sondern weil all das Belehrende, Heilsame und Reinigende der politischen Freiheit an diesem Wesen hängt und seine Wirkung versagt, wenn die ›Freiheit‹ zum Privilegium wird. [...]

Ohne allgemeine Wahlen, ungehemmte Presse- und Versammlungsfreiheit, freien Meinungskampf erstirbt das Leben in jeder der öffentlichen Institutionen, wird zum Scheinleben, in der die Bürokratie allein das tätige Element bleibt. Das öffentliche Leben schläft allmählich ein, einige Dutzend Parteiführer von unerschöpflicher Energie und grenzenlosem Idealismus dirigieren und regieren, unter ihnen leitet in Wirklichkeit ein Dutzend hervorragender Köpfe, und eine Elite der Arbeiterschaft wird von Zeit zu Zeit zu Versammlungen aufgeboten, um den Reden der Führer Beifall zu klatschen, vorgelegten Resolutionen einstimmig zuzustimmen, im Grunde also eine Cliquenwirtschaft – eine Diktatur allerdings, aber nicht die Diktatur des Proletariats, sondern die Diktatur einer Handvoll Politiker, d.h. Diktatur im

22 R.L. hatte im September 1918 außer Mathilde einen anderen Besuch im Gefängnis gehabt: Paul Levi, der darüber berichtet: »Im Sommer 1918 schrieb Rosa Luxemburg Artikel für die ›Spartakusbriefe‹ aus dem Breslauer Gefängnis, in denen sie sich kritisch mit der Politik der Bolschewiki auseinandersetzte. [...] Ihre Freunde hielten die Veröffentlichung damals nicht für opportun, und ich schloß mich ihnen an. Da Rosa Luxemburg hartnäckig auf der Veröffentlichung beharrte, reiste ich im September 1918 zu ihr nach Breslau, wo ich sie nach langer, ausführlicher Unterredung im Gefängnis zwar nicht überzeugte, aber bestimmte, von dem Druck eines neuerlich geschriebenen Artikels gegen die Taktik der Bolschewiki Abstand zu nehmen.
Um mich von der Richtigkeit ihrer Kritik zu überzeugen, schrieb Rosa Luxemburg die vorliegende Broschüre. Sie teilte mir den Inhalt aus dem Gefängnis durch eine vertraute Freundin [*zweifellos Mathilde nach der Rückkehr aus Schreckendorf*] mit.« Zitiert aus dem Vorwort Levis zu der Broschüre, die er 1922 in Berlin veröffentlichte.

bürgerlichen Sinne der Jakobinerherrschaft ... Ja noch weiter: solche Zustände müssen eine Verwilderung des öffentlichen Lebens zeitigen: Attentate, Geiselerschießungen usw....«

10. Oktober 1918

Meine liebe Mathilde,
verzeihen Sie, daß ich Ihre liebe Karte erst heute beantworte. Die Spannung, die jetzt in der Luft liegt, die Erwartung, bald herauskommen zu können, läßt mir kaum noch die Geduld, Briefe zu schreiben. Dank auch für das Schächtelchen und die winzige Spreewälderin, sie hat mir viel Spaß gemacht. Von Medi erhielt ich endlich Nachricht, daß sie in dieser Woche nach Berlin fährt und daß ihre Schwester wohlbehalten in Berlin ist. Ich schicke für Medi hierbei einen ersten Gruß, den Sie ihr übergeben wollen. Ich denke, daß ich bald Medis Einsamkeit in Südende teilen werde. Wie wir dort beide wirtschaften werden, habe ich noch keine Vorstellung, denke es mir aber sehr schön. Ich fühle mich in diesem Monat viel frischer und arbeitsfähiger als im vorigen. Wenn dies nur ein wenig andauern wollte! Von Luise hatte ich eine Karte, sie ist wieder in Prag, will aber von dort heimkehren. Sonja schrieb nichts, aber ich begreife: sie ist wohl so voller Erwartung auf Karls Freilassung, daß sie nicht viel anderes jetzt denken mag.[23]
Was ich doch für eine praktische Person bin! Das weiße Frotté-Morgenkleid, das Sie mir neulich geschickt oder gebracht haben und das schon ganz ›salonunfähig‹ war, hatte ich zertrennt, in schönes Kornblumenblau färben lassen, jetzt bin ich dabei, es wieder in Stand zu bringen und habe plötzlich ein ordent-

23 Am 18. Oktober schreibt R.L. an Sonja Liebknecht: »Meine Stimmung ist schon derart, daß mir ein Besuch meiner Freunde unter Aufsicht zur Unmöglichkeit geworden ist [...] Die Unterredungen unter Aufsicht, die Unmöglichkeit, darüber zu reden, was mich wirklich interessiert, sind mir schon so lästig, daß ich lieber auf jeden Besuch verzichte, bis wir uns als freie Menschen sehen [...]«

liches neues Kleid, das sich wirklich sehen lassen kann! Das macht mir eine Mordsfreude. Von der Frau Schlich habe ich wieder eine Menge Blumen bekommen – Gott weiß, aus welchem Anlaß – einen prachtvollen Topf Erika, dann duftende Veilchen, eine Rose, Zweige Schneebeeren, und dazu sind noch Ihre Abschiedsnelken schön und frisch! Meine Tauben besuchen mich nach wie vor fleißig, ich wage nicht daran zu denken, was aus ihnen wird, wenn ich von hier fortgehe ... Ich umarme Sie vielmals und grüße herzlich Ihr Mütterlein und Fräulein Gretchen Ihre R.

4. November 1918

Meine liebe Mathilde,
erst dachte ich, ich würde jeden Augenblick herauskommen und hatte deshalb gar keine Geduld mehr, Briefe zu schreiben. Deshalb ließ ich Sie so lange ohne Nachricht. Jetzt sehe ich, daß die Sache sich sehr in die Länge zieht und beeile mich nun wieder, mit Ihnen Fühlung zu bekommen – wenigstens brieflich.
Ihr letzter Brief und die kleine Sendung haben mir unglaublich Freude gemacht, weil ich ja schon so lange ohne Lebenszeichen von Ihnen war. Die Erbsen kamen äußerst apropos; meine Tauben mausern jetzt und brauchen kräftigere Nahrung, als ich ihnen sonst bieten kann. Sie belagern mich jetzt den ganzen Tag alle vier in meiner Zelle, sitzen vor mir auf dem Schreibtisch, auf der Lehne meines Stuhls und auf meinem Teller, wenn ich zu Mittag essen will. Ich kann nicht ausdenken, was sie dazu sagen werden, wenn ich eines Tages plötzlich spurlos verschwinden werde. Die Schokolade, auch die von der früheren Sendung, hob ich mir erst klug und praktisch, wie ich bin, zu der künftigen Wirtschaft in Südende auf und gelobte, sie hier nicht anzurühren. Nun sich aber die Aussichten geändert haben, hält auch mein Charakter nicht mehr stand, und ich habe die Schokolade doch »angerührt«.

Bitte, hetzen Sie sich mit der Putzerei in meiner Wohnung nicht ab. Die schweren Bücherkisten würde ich immerhin gern schon allmählich absenden, aber in der Wohnung ist ja niemand da, sie in Empfang zu nehmen (mit Frau Sachtler möchte ich keine Anknüpfung mehr suchen). Die arme Medi vergeht dort wohl in Wien vor Ungeduld. Ich schreibe ihr heute einige Zeilen, weiß aber nicht, ob die Post nach Wien funktioniert. Frau Schlich hat mir vorige Woche 3 wundervolle große gelbe Chrysanthemen verehrt und heute Veilchen mit Maiglöckchen, die herrlich duften! Das ist eine unverbesserliche Verschwenderin. [. . .] Lassen Sie bald von sich hören! Ich umarme Sie vielmals

Ihre R.

Verzeihen Sie das ramponierte Couvert, ich brauche die letzten Reste auf.

7. November 1918

Meine liebe Mathilde,
eben erhalte ich Ihren Eilbrief. Sie Ärmste, was haben Sie für Scherereien mit meiner Bude! Es ist mir schrecklich, daß all das kleine ärgerliche Zeug Ihnen zugefallen ist. Natürlich werde ich nun nichts ohne Sie in dieser Sache tun. Daß die Versteigerung irgendwie abgewehrt werden könnte, hatte ich keine Ahnung; mir graute nur vor dem Gedanken, daß Sie nun auf die Suche nach einer neuen Wohnung gehen müßten, und daß wir unser liebes Nest in Südende verlieren könnten. Deshalb dachte ich, es gebe keine Wahl und stimmte zu.[24] Jetzt ärgert mich das natürlich mächtig. Kann ich jetzt durch Kündigung nichts erreichen? – Die zehn Mark hätte ich nicht übel Lust, von der Militärbehörde einzufordern – aus purer Bosheit. Sie ist doch ver-

24 Die Hauswirtin hatte die Miete um 10 Mark monatlich gesteigert.

antwortlich für solchen Schaden, der aus meiner Haft entsteht. – Ich umarme Sie in Eile Ihre R.

Aus Mathilde Jacobs Bericht:

Endlich meldete Rosa sich. Ihr war am 8. November 10 Uhr abends von der Gefängnisdirektion mitgeteilt worden, daß sie frei sei. Da sie ihre Sachen nicht vollständig gepackt hatte und auch so spät am Abend nicht wußte, wohin sie gehen sollte, blieb sie während der Nacht vom 8. zum 9. November noch im Gefängnis. Am Morgen des 9. November ging sie zu der Familie Schlich und telefonierte von dort mit uns.
An diesem Tage gingen keine Züge von Breslau nach Berlin und sie mußte die Heimreise verschieben. Am Abend zog sie mit Parteifreunden durch die Straßen Breslaus, in denen die Revolution ausgerufen wurde.[25]
Leo Jogiches bestimmte, daß ich am 10. November, falls die Bahn immer noch nicht in Betrieb sei, Rosa Luxemburg im Auto holen sollte. Da aber teilte sie mir telefonisch mit, daß die Züge nunmehr bis Frankfurt an der Oder führen, und daß man sie von dort holen sollte.
Am 10. November holte mich ein Auto ab [. . .], das gleich zu Beginn der Fahrt eine Panne erlitt. Eduard Fuchs, der mich begleitete, requirierte zweimal in Militärdepots andere Wagen, die auch kaum brauchbar waren; und kein einziger von den Soldaten unserer fünfzehnköpfigen Begleitmannschaft wußte, wem wir da entgegenfuhren; schließlich wurde ich ein wenig verlegen gefragt, wer eigentlich Rosa Luxemburg sei.
Nachdem wir etwa fünf Stunden herumgefahren waren und

25 Sie hielt eine Rede auf dem Breslauer Domplatz.

glücklich einen Vorortbahnhof erreicht hatten, überließen wir Auto und Begleitmannschaft ihrem Schicksal und fuhren mit der Bahn wieder zur Stadt zurück.
Inzwischen war Rosa Luxemburg in Berlin eingetroffen. In einem durch den Rücktransport der Truppen völlig überfüllten Zuge hatte sie, auf einem Koffer im Gang sitzend, die Heimreise angetreten.
Der Zug lief in den Schlesischen Bahnhof ein, und Rosa stand ein Weilchen verwirrt neben ihrem Gepäck, bis sie auf den Gedanken kam, mit meiner Mutter zu telefonieren. Die gab ihr den Rat, zu ihr zu kommen, da ich mich sicher melden würde. Das tat ich auch und eilte nun heim, um die lang entbehrte Gefangene zu ihren Freunden zu geleiten [. . .][26]

26 Mathilde Jacobs Bericht über die letzten beiden Lebensmonate Rosa Luxemburgs in Stichworten:
Herausgabe der »Roten Fahne« mit R.L. als Chefredakteur; dort Arbeit jede Nacht bis 11 oder 12; R. kann nicht mehr zu Hause übernachten; Herumziehen von einem Hotel ins andere unter falschem Namen. Dann Privatverstecke, das vorletzte bei einer Arbeiterfamilie in Neukölln, Mathilde hört auf ihrem Weg dorthin Passanten über Liebknecht und Luxemburg sagen: »Man sollte sie in Stücke schneiden und den Raubtieren zum Fraß vorwerfen.« – Am nächsten Tag wird Mathilde vor der Redaktion der »Roten Fahne« von Freikorpssoldaten verhaftet, dann aber ins Moabiter Gefängnis gebracht. Dort bekommt sie auf ihre Frage, was draußen los sei, die Antwort: »Nichts Neues. Rosa Luxemburg und Karl Liebknecht sind ermordet. Nun ist wieder Ruhe eingetreten.«

Der Gefängniskalender[1]

(1915 Frauengefängnis Barnimstraße)

5. März	Von Fräulein Jacob diesen Kalender und wundervolle Blumen erhalten (Anemonen, Vergißmeinnicht, Kätzchen und Kirschenzweige).
7. März	Seit drei Tagen Regenwetter, nicht aus der Zelle gekommen.
12. März	Das war der schönste Tag zu Hause.
13. März	Das war der zweite schöne Tag.
15. März	55 Kilo.
18. März	Jetzt ist ein Monat voll.
20. März	Heftiges Schneetreiben kein Spaziergang.
21. März	Heute las ich im Kaufmann von Venedig: Der Mann, der nicht Musik hat in ihm selbst den nicht die Eintracht süßer Töne rührt, taugt zu Verrat, zu Untaten und Tücken: die Regung seines Sinns ist dumpf wie Nacht, sein Trachten düster wie der Erebus. Traut keinem solchen! Portia sagt im Kaufm[ann] v[on] Ven[edig] Mich deucht, die Nachtigall, wenn sie bei Tage sänge wo alte Gänse schnattern, hielt man sie für keinen bessern Spielmann als den Spatz. Aber das ist ein arger Irrtum, holde

1 Eintragungen teils mit Tinte, teils mit Bleistift – und keineswegs täglich – auf im Ganzen drei Soennecken-Umschlagkalendern. Für das Jahr 1916 ist kein Kalender vorhanden; die Gefängnishaft R.L.s ging ja am 18. Februar 1916 zu Ende; deshalb wird Mathilde keinen Kalender geschickt haben.

21. März	Portia. Die Nachtigall singt bei Tage zu allen Tagesstunden. Und mit Vorliebe hält sie sich in kleinen Anlagen an den Bahnhöfen auf.
25. März	5 Wochen voll. In König Johann 2. Aufzug 2. Szene sagt der Bastard Richard Löw[enherz]: Und warum schelt ich auf den Eigennutz? Doch nur, weil er bis jetzt nicht um mich warb nicht, weil ich stark genug die Hand zu schließen wenn seine schönen Engel sie begrüßten: Nein, sondern weil die Hand, noch unversucht, dem armen Bettler gleich, den Reichen schilt. Gut, weil ich noch ein Bettler, will ich schelten und sagen, Reichtum sei die einz'ge Sünde; und bin ich reich, spricht meine Tugend frei, kein Laster geb' es außer Bettelei.
27. März	Heute Nacht ist großer Schneefall gewesen, wieder ganz kalt.
31. März	Thee!
1. April	6 Wochen. Fräulein Jacob ist nach Thüringen verreist.
2. April	Gestern Abend sind von Frau Rosenbaum Blumen gekommen. Narzissen, Anemonen, Maiglöckchen, Vergißmeinnicht. Heute fange ich wieder an zu botanisieren.
6. April	Um zwei Uhr wiederholt heftiger Donner! Ein richtiges Gewitter. Der Blitz hat in der Nähe eingeschlagen. Zwei Menschen sind getötet worden.
7. April	54,5 Kilo.

8. April 7 Wochen. Seit dem Gewitter regnet's jeden Tag.

9. April Heute kam die Fotografie Mimi's von Fräulein Jacob.

10. April Der Spiritus ist verflogen
das Phlegma ist geblieben.
Fenster und Stuhl gewaschen.

11. April Jetzt kann man schon bis 7 Uhr abends lesen ohne Lampe.

14. April Ischias.

15. April 8 Wochen.

16. April Morgen stehe ich auf.
Madame de Sévigné schreibt an ihre Tochter am 2. 8. 1675:
Ne soyez point en pense de moi, ma très chère, ni de ma santé, je me purgerai après le plein de la lune, et quant on aura des nouvelles d'Allemagne (noch Krieg). On n'est pas volage pour ne changer qu'une fois.

18. April Zwei Monate, ⅙.
Heute um ½12 den ersten Pirol gehört.

21. April Heute Abend um 7 hat der Pirol wieder geflötet.

22. April 9 Wochen.

23. April Heute schneit es in großen Flocken!

24. April 65 Tage. Noch 300.

29. April 10 Wochen.

1. Mai Heute Abend um 7 großes Gewitter mit Blitz und Donner.
Von Dr. Weinberg 2 wundervolle dunkle Rosen gekriegt.

2. Mai Hartes Gewitter um 3 Uhr. Es hat eingeschlagen.

3. Mai Blaßrosa Nelken gekr. von Eva.
6 Wochen.

6. Mai 11 Wochen.

9. Mai Heute in dem Fünfstück gefunden:
Martial schreibt: Argentum alque andem facile est, lenamque tonquamque mittere, boletos mittere difficile est.
Leicht ist's Gold, Silber und Freuden der Liebe, doch ein Pilzgericht fahren zu lassen ist schwer.

10. Mai 53 Kilo.

13. Mai 12 Wochen.

18. Mai 3 Monate.

20. Mai 13 Wochen. Der Pirol war wieder da.

24. Mai Aus Voltaire:
Nous trompons dans nos entreprises,
c'est à quoi nous sommes sujets,
le matin je fais de projets
et le long de jour des sottises.

1. Juni Die Kätzchenzweige sind im Lazaretthof eingepflanzt.

3. Juni 15 Wochen.

10. Juni 16 Wochen.

11. Juni Heut Nacht um 11 war ein ganz kurzes Gewitter, jetzt ist es noch schwüler.

14. Juni Aus »Esther« Grillparzers. Der Höfling Hamann: ». . . Doch ist die Wahrheit selbst mitunter nützlich.« Gottvoll!

17. Juni 17 Wochen.

18. Juni 4 Monate–⅓.

24. Juni 18 Wochen.

1. Juli 19 Wochen.
Vernehmung um 10 Uhr früh Amtsgericht

	Berlin-Mitte, No. 52 Alt-Moabit, II Parterre, Zimmer Nr. 184.
8. Juli	20 Wochen.
15. Juli	21 Wochen.
18. Juli	5 Monate.
22. Juli	Vernehmung 9½ früh. Termin verschoben auf 27.
29. Juli	23 Wochen.
1. August	110,48 Mark Ausgaben bezahlt.
18. August	Ein-halb.
19. August	26 Wochen.
18. September	7 Monate.
28. September	Von Fräulein Jacob einen herrlichen Blumenstrauß mit blühenden Kätzchen gekriegt!!
11. Oktober	Mehrings Hochzeitstag.
18. Oktober	8 Monate. Zwei Drittel.
19. Oktober	Heute von Fräulein Jacob wunderbare Kornblumen!!
20. Oktober	All human history attests that happiness for men – the hungry sinner – since Eva ate the apple, much depends on dinner.
28. Oktober	Großer Schneefall!
18. November	9 Monate.
18. Dezember	10 Monate!

1917 (Festung Wronke)

1. Januar	Wronke [in die Mitte des Kalenderblattes geschrieben].
8. Februar	45¾ Kilo.
19. Februar	46 Kilo.
25. Februar	Mehring!

3. März	46 Kilo.
18. März	Letzter Besuch!
22. März	45,5 Kilo (Dr. L.)
14. April	46½ Kilo.[2]
23. April	Eilbr[ief] an Math.
30. April	An das Generalkommando.
6. Juni	Brief an Sonja, Kestenb. Gewicht 46 Kilo. Karte von Mathilde, Klara.
15. Juli	†[3]
22. Juli	Breslau [in die Mitte des Kalenderblattes geschrieben].
13. August	Karte an Sonja, Brief an Hans. Karte an Luise. *Haftbefehl erhalten.*
20. August	Keine Zeitungen.
23. August	Bei der Kommandantur gewesen.
29. August	Feldpaket. Brief an Feldgr. Brief an Sonja. Brief an Kommandantur. Karte an Dr. Oppler. Den Hausrotschwanz gesehen in Gemüsebeeten suchen, dann auf dem Kamin lange knixen.
30. August	Vormittags paar Mal den Hausrotschwanz gehört.
1. September	Brief an Kommandantur (wegen Besuchen). Vernehmung durch Kriegsgericht.
2. September	Abends auf dem Kamin den Hausrotschwanz gehört.

2 Vom 18. April an bestehen die Notizen zum großen Teil aus Daten von empfangener und gesendeter Korrespondenz, die hier außer einigen Beispielen fast alle weggelassen worden sind; außerdem sind einige sich wiederholende Eintragungen weggelassen worden.

3 Großes schwarzes Kreuz in der Mitte des Blättchens. R.L. hatte die Nachricht erhalten, daß sie nach Breslau übergeführt werden würde.

3. September	Morgens den Hausrotschwanz auf dem Dachgiebel gehört. Später eine Krähe.
4. September	Abends um 7 das Rotschwänzchen laut gezwitschert. Auch die Haubenlerche. Mitteilung vom Kommando direkt.
5. September	Vormittags den Hausrotschwanz gehört. Abends auch.
6. September	Vormittags die Haubenlerche gehört. Abends Rotschwänzchen gehört.
7. September	Dr. Oppler. Nachmittags das Rotschwänzchen gehört und Haubenlerche.
8. September	In der Frühe Rotschwänzchen gehört, auch abends wieder. Wäsche erhalten. Brief an Mehring. Brief an Mathilde. Karte an Klara.
9. September	Spirit. In der Frühe Haubenlerche und den ganzen Vormittag lang.
10. September	Morgens etwa 10 Haubenlerchen im Hof sich gejagt und herumgelaufen, viel gesungen. Antwort von der Kommandantur. Abends die Haubenlerchen lange gesungen.
12. September	Morgens die Haubenlerche gehört, auch Krähe. Nr. 8 Brief von Mathilde, Nr. 4 Karte an Mathilde. Brief an Pinner, Brief an Kommando. Buch (Geol.) erh. und retouniert. Nachmittags mehrere Rotschwänzchen mehrmals gesungen, und sich gejagt um das Dach. (Schwalben!)
13. September	Ein ganzer Flug Krähen morgens mit Geschrei vorbeigeflogen. Haubenlerche gesungen. Wespen jeden Tag massenhaft in der Zelle.

13. September	Abends Hausrotschwanz. 46 Kilo 300 gr. Telegramm von Sonja.
15. September	Abends (6) Rotschwänzchen singt mitten im Regen, auch Haubenlerche.
16. September	Brief von Luise K. Haubenlerchen laufen im Hof herum, nachmittags singen sie viel. Nachmittags Rotschwanz viel gesungen. Um 6 Uhr abends bei feinem warmen Regen sang die Haubenlerche lang und schön, beinahe wie Amsel.
17. September	In der Frühe ein unbekannter Vogel laut gerufen. Ein anderer machte fit-fit-fit! S. 450–549 an Mathilde. Karte an Luise.
21. September	Vormittags Haubenlerche viel gesungen. Regen.
23. September	Am Morgen Rotschwanz nachmittags auch. Caput.
25. September	In der Frühe Haubenlerche. Vormittags wieder der unbekannte Vogel geschrien (laut und schrill) etwa »kau-kau-kau«; um die Mittagszeit schwirren viel Krähen.
26. September	Haubenlerche lang! Rotschwänzchen. Ein paar Büffel aus Rumänien im Hofe gesehen.
29. September	½6 Uhr früh Rotschwänzchen, dann viel Krähen, Brief Nr. 14 von Mathilde. Brief von Gerlach.
30. September	Morgens Haubenlerche. 5 Uhr abends 2 Bachstelzen sich auf dem Dach gejagt. 6 wilde Vögel (Gänse?) im Bogen hoch vorbeigeflogen zum Süden.
2. Oktober	Buch an Mathilde. 10 Tage.
3. Oktober	In den Obstbäumen vorne 5 Stare gesehen,

die sich jagten. Dazu ein kleiner schwarzweißer Vogel (Hausrotschwanz, Bachstelze?) jagt einen Star!

8. Oktober Kalt und regnerisch. Vormittags Haubenlerche im Fluge gesungen.

14. Oktober Zum letzten Mal Rotschwänzchen. Vormittag 8–10.

Schwarzmeisen fliegen gesehen. Eine *Kohlmeise* hat zwi-zwi gesungen zweimal. Rotschwanz und Haubenlerche. Eine Menge Stare jagen sich, sitzen zusammen auf dem Dachgiebel, rufen im Fliegen ts-ts.

17. Oktober Eilbrief an Mathilde.

Vormittag (sonnig und klar) flog eine Haubenlerche ganz hoch und sang etwa 5 Minuten lang. Mehrere Kohlmeisen flogen über den Hof züwi-züwi und fit-fit.

Brief von Mathilde.

Nachmittags um 4 dichter Regen, Haubenlerche singt laut auf dem Dach. Abends um 5 sind drei Schwarzmeisen auf dem Dach gewesen, mit lautem si-si, sehen aus wie Libellen.

23. Oktober 46,7 Kilo.

24. Oktober Vormittags Kohlmeise. Karte von Martha.

2. November Nachmittags 4 Haubenlerchen auf dem Dach laut und lange gesungen. Vormittag Kohlmeise. Rotschwänzchen sind verschwunden.

17. November Wäsche.

26. November erster Schnee.

27. November erster Frost. Kohlmeise.

28. November Caput.

29. November Wiegen.

30. November	Schmetterling.
2. Dezember	48½ Kilo.

1918 (Strafgefängnis Breslau)

1. Januar	Prosit Neujahr Rosa. Auf ein gutes Jahr 1918, auf baldiges Wiedersehen in Südende[4].
3. Januar	Brief von Mehring, Karte von Mathilde Nr., Karte von Reis[5], Kuchen von Mathilde.
11. Januar	Blitz und Donner siebenmal um ½2 nachmittags (bei 4 Grad Celsius), gleich darauf Hagel, Gewitter und Schneetreiben. Gestern −12 C!!
16. Januar	Karte von Mathilde. 50 Kilo. Plus 12 C!! (Gestern −4!) Abends Sturm.
21. Januar	Haftbefehl.
4. Februar	Nr. 1 von Mathilde (vom 1.).
9. Februar	Wäsche.
14. Februar	Nr. 3 von Mathilde.
22. Februar	51,5 Kilo.
2. März	Testament. Karte Nr. 6 von Mathilde.
15. März	Karte von Luise. Gesuch abgelehnt.
16. März	Um 9 Uhr früh Wendehals lange gerufen. Nachmittags 4 wieder. (Krähen sind fort).
17. März	Buchfink gesungen. Pirol ist da. Wendehals um ½5 und ½6 abends gerufen!!
18. März	Um 10 Uhr Buchfink. Nr. 7 Brief von Mathilde. Brief von Martha. Haubenlerchen liefen im Hof.

4 Von Mathilde Jacobs Hand, als Widmung für ihr Geschenk, den Kalender.
5 Rose Wolffstein-Frölich, weil sie Reis schickte.

20. März	Paket an Kostia. Gewitterwolken und Donner um 5 Uhr nachmittags.
29. März	51 Kilo.
1. April	Den kleinen Fuchs gesehen. Star singt immerzu bis 7 Uhr abends!
2. April	22 Grad C im Schatten um 4 Uhr.
3. April	2 × an Mathilde.
4. April	Eilbrief an Mathilde. Um 6 Uhr abends den Kuckuck gehört. Der Star singt den ganzen Tag.
6. April	Eilbrief an Mathilde. Rotschwänzchen angekommen. Um 4 Uhr Gewitter! Amsel singt um 5.
7. April	3 × an Mathilde. Rotschwänzchen morgens im Hof gewesen. Tor und Tod.
13. April	Ein Fuchs im Hof gewesen. Karte von Mathilde. I–II. x von Mathilde.
16. April	Aurorafalter im Hof. 50,8 Kilo.
17. April	Bohnen gepflanzt. Brief an Kommand.
18. April	Wäsche! Haftbefehl.
22. April	Man. S. 597–724 an Mathilde. 23 Störche über das Gefängnis im Kreise langsam nach Norden geflogen, 9 Uhr früh! Brief von Mathilde.
27. April	Wendehals ruft. Brief an Kostia. Brief von Rechtsanw.
2. Mai	Abends um 7 war eine *Bachstelze* im Gemüsehof auf dem Dach.
9. Mai	Wendehals und Pirol! Junge Spatzen auf dem Hof herumgehüpft.
9. Juni	104 M.

1. Juli	Paket an Klara. Korrekturen[6] und Brief an Kest. I von Mathilde.
4. Juli	Brief von Joffe.[7] Korrekturen. Zweimal an Kest. VIII–XI an Mathilde.
8. Juli	Brief an Joffe. Korrekturen aus Leipzig. Brief von der Bank.
10. Juli	Bücher von Stadtbibliothek.
15. Juli	51,5 Kilo. I–II von Mathilde. *Haftbefehl.*
20. Juli	Brief an Stuttgarter Bank.
29. Juli	200 Mark aus Stuttgart.
30. Juli	Korr. aus Leipzig.
1. August	Pirol um ½9 früh lange gerufen. Korrekturen an Kestenb.
20. August	50,3 Kilo. Büchlein an Mathilde. Eilbrief an Mathilde. 39 Mark an Zahnarzt.
23. August	Vernehmung. Brief von Mathilde. I–II an Mathilde. Bücher aus der Stadtbibliothek. Bachstelze.
31. August	Bachstelze (eine) flog vom Hof aufs Dach.
17. September	Ein heißer Sommertag. Amsel hat gesungen.
20. September	50,5 Kilo.
5. Oktober	I–III an Mathilde.
6. Oktober	VIII an Mathilde.
17. Oktober	Brief an die Kommandantur. Brief an Kest.
20. Oktober	Haftbefehl.
28. Oktober	II von Mathilde. III an Mathilde.

6 Für die Korolenkoübersetzung.
7 Joffe war seit dem 8. März 1918 russischer Vertreter in Berlin.

8. November †[8].

10 Uhr abends.

8 Ein großes blaues Kreuz; um 10 Uhr abends war R.L. mitgeteilt worden, daß sie frei sei.

Die Frau in der Gesellschaft

Texte und Lebensgeschichten

Herausgegeben von Gisela Brinker-Gabler

Band 2053

Band 3738

Band 3741

Lebensgeschichten

Ruth Ellen Boetcher Joeres
Die Anfänge der deutschen Frauenbewegung: Louise Otto-Peters
Band 3729

Eine stumme Generation berichtet
Frauen der 30er und 40er Jahre
Herausgegeben von Gisela Dischner
Band 3727

Germaine Goetzinger
Für die Selbstverwirklichung der Frau: Louise Aston
Band 3743

Diana Orendi Hinze
Rahel Sanzara
Eine Biographie
Band 2258

Texte

Frauenarbeit und Beruf
Herausgegeben von Gisela Brinker-Gabler
Band 2046

Frauen gegen den Krieg
Herausgegeben von Gisela Brinker-Gabler
Band 2048

Zur Psychologie der Frau
Herausgegeben von Gisela Brinker-Gabler
Band 2045

Frau und Gewerkschaft
Herausgegeben von Gisela Losseff-Tillmanns
Band 2260

Frauenemanzipation und Sozialdemokratie
Mit zahlreichen Abbildungen
Herausgegeben von Heinz Niggemann
Band 2261

Frau und Musik
Mit vielen Bildern und Faksimiles
Herausgegeben von Eva Rieger
Band 2257

fi 16/4

Fischer Taschenbuch Verlag